Wolfgang Boesch

Hilfe, wir gründen eine Familie!

Ueberreuter

CIP-Kurztitelaufnahme der Deutschen Bibliothek

Boesch, Wolfgang:
Hilfe, wir gründen eine Familie! / Wolfgang Boesch. –
Wien: Ueberreuter, 1985.
ISBN 3-8000-2253-2

Für Sebastian
zum Geburtstag 1985

J 1554/1

Umschlag von Bettina von Hayek

Papier und Gesamtherstellung: Salzer - Ueberreuter, Wien
Printed in Austria

Ferien mit zwei dicken Enden

»Das dicke Ende kommt nach« ist eines der beliebtesten Sprichwörter meiner Mutter. Sie ist an nichts so reich wie an Sprichwörtern und läßt keine Gelegenheit vorübergehen, ohne eines davon zu benutzen. Schon allein deshalb sind mir Sprichwörter besonders unsympathisch. Aber dieses Sprichwort war wenigstens einmal zutreffend, und zwar am Ende meiner letzten Ferien. Denn da kamen gleich zwei dicke Enden nach, die ich der Reihe nach erzählen muß. Das erste bestand genaugenommen darin, daß ein dickes Ende weg war: das dicke Ende der Nase meiner Mutter.

Mir war es ja gleich verdächtig vorgekommen, daß meine Mutter diesmal unter dem fadenscheinigen Vorwand, Geld zu sparen, nicht mit mir im Mühlviertel Urlaub machte. Aber es war mir ganz recht, daß sie mich statt dessen auf ein Zeltlager schickte. Denn im Mühlviertel ist nichts los außer Gegend, was nur meine Mutter erholsam findet.

Sie holte mich von der Bahn ab und umarmte mich besonders innig, weil sie in den drei Wochen wahrscheinlich vergessen hatte, wie ich bin. Mir fiel dabei gleich auf, daß ihr Gesicht nur eine entfernte Ähnlichkeit mit dem von meiner Mutter hatte. Aber es konnte sich ja kaum eine fremde Frau in meine Arme geworfen ha-

ben. Schon nach zwei Küssen rappelte ich mich frei und starrte meine Mutter an wie ein seltenes Tier. »Was ist denn mit deiner Nase passiert?«
»Ich habe sie mir endlich operieren lassen.«
»Operieren?« fragte ich fassungslos. Eine Operation war für mich bis dahin etwas, was mit Krankheit, Schmerzen, Blut und Wunden zusammenhängt. »War deine Nase denn krank?« Meine Stimme klang direkt besorgt.
»Das nicht, aber sie hat mich krank gemacht«, sagte meine Mutter frisch und munter. »Sich häßlich vorzukommen ist ein Leiden wie jedes andere und gehört behandelt.«
Ich hob meinen Koffer auf das Gepäckwagerl und schüttelte den Kopf. »Und da hat der Arzt sie dir einfach abgeschnitten?«
Meine Mutter lachte. »Das ist eine der häufigsten kosmetischen Operationen. Manche Ärzte leben nur vom Nasenabschneiden.« Dann warf sie sich in eine vorteilhafte Pose. »Wie gefällt sie dir?«
»Scheußlich!« sagte ich automatisch, obwohl das weder galant noch zutreffend war, denn es handelte sich um eine ganz gewöhnliche Nase. Nur daß es halt nicht mehr die von meiner Mutter war.
»Früher hatte ich einen Knödel mit Wurzel, während diese Nase schön ist«, sagte meine Mutter ganz unverärgert.
»Ah so!« erwiderte ich bissig, obwohl ich eigentlich gar nicht ekelhaft sein wollte und die Nase auch nicht scheußlicher fand als andere Nasen. Aber ich ärgerte mich über diese Eigenmächtigkeit. »Du hättest mich ruhig fragen können, ob du dir die Nase abschneiden lassen sollst!«

»Wieso? Ist eine Nase denn Familienbesitz?« fragte sie, noch immer in bester Laune.
»Ja, das finde ich!« sagte ich vorwurfsvoll. »Wie sollen zum Beispiel meine Kinder einmal feststellen, ob sie dir ähnlich sehen?«
Meine Mutter dachte nach, was sie bei Debatten mit mir äußerst selten tut. Denn ich bin erst zwölfeinviertel, und sie ist Lehrerin und jahrelang darin ausgebildet, Kindern zu widersprechen. Volksschullehrerin auch noch dazu, mehr brauche ich ja nicht zu sagen. Sie soll sogar eine ziemliche Kanone sein; das habe ich von anderen Kindern gehört, die gar nicht wissen konnten, daß ich ihr Sohn bin. Trotzdem hat sie von meiner Erziehung keine blasse Ahnung. Aber das darf man ihr nicht übelnehmen. Eine Familie, die nur aus Mutter und Sohn besteht, ist halt eine verdammt flaue Angelegenheit.
»An die Vererbung hab ich gar nicht gedacht«, sagte sie endlich, als wir die Rolltreppe schon längst hinter uns hatten. »Du hast recht: vererben kann ich diese Nase wirklich nicht. – Dann werd ich dich bei der nächsten Schönheitsoperation halt vorher fragen. Aber du sagst ja auf jeden Fall nein, stimmt's?« Ich nickte.
»Siehst du«, grinste sie, »darum ist es am gescheitesten, euch Männer vor vollendete Tatsachen zu stellen. Gewöhn dich jetzt schon daran, dann hast du's als Ehemann später leichter.«
Während wir unseren rostigen Mini auf dem Parkplatz ansteuerten, raufte meine Mutter ständig mit mir um den Koffer. Eigentlich wurde das Koffertragen für mich nur deshalb eine Strapaz, weil ich ihre Hilfe immer wieder abwehren mußte. Trotzdem gelang es ihr dabei, noch eine Entschuldigung für ihre Geheimope-

ration zu erfinden: »Ich hab's doch heuer* machen müssen, weil ich wieder eine neue Erste übernehme. Da gibt's wenigstens kein Getuschel und Gekicher. So sehe ich aus, und basta!«
»Ich werde dich später mit dieser Nase auch schön finden«, sagte ich tröstend. Denn es leuchtete mir ein, daß eben zwischen zwei Nasenoperationen einer Volksschullehrerin genau wie zwischen zwei Olympiaden unbedingt vier Jahre liegen müssen. »Was sagt übrigens Onkel Ewald zu der neuen Nase?« erkundigte ich mich. Onkel Ewald ist der Mann, der meine Mutter seit einem Jahr wie ein Satellit umkreist.
»Mit dem bin ich nicht mehr zusammen«, sagte sie knapp. »Der ist ein so fanatischer Junggeselle, daß ihn unsere lange Freundschaft schon nervös gemacht hat.«
»Er hat mir sowieso zuviel nach Zigaretten gestunken«, sagte ich, um etwas Positives an der Sache herauszuarbeiten. »Hast du eigentlich bemerkt, was für grausliche gelbe Finger der hat?«
Sie nickte und schien auch nicht besonders traurig darüber zu sein, daß es schon wieder mit so einem »Onkel« aus war. »Das sind alles keine Bindungen fürs Leben. Es findet sich eben immer irgend etwas, wo man nicht zusammenpaßt.«
»Oder einer verträgt sich plötzlich wieder mit seiner eigenen Familie – wie's beim Onkel Hansi der Fall war«, stöhnte ich. Aber nicht, weil ich um Onkel Hansi

* »Heuer« ist ein in Österreich allgemein gebräuchlicher Ausdruck und bedeutet soviel wie »in diesem Jahr«. Soweit es für das Verständnis nötig erscheint und eine »Übersetzung« möglich ist, sind die verschiedenen österreichischen – oder speziell wienerischen – Ausdrücke, die in diesem Buch vorkommen, für nichtösterreichische Leser in Fußnoten erklärt.

trauerte, sondern weil ich gerade meinen Koffer in den Mini stemmte.

Als wir daheim ankamen, übermannte mich die Sehnsucht nach dem vollen Klang meiner Stereoboxen, und ich legte eine harte Platte auf. Im Zelt gab es nämlich nur den kleinen Recorder meines Nachbarn, der genauso ein Gesäusel hervorbrachte, wie meine Mutter es sich von meiner Stereoanlage erträumen würde. Wie immer stellte ich die Musik zuerst einmal noch lauter, als ich sie mag.

Prompt kam meine Mutter herein und schrie: »Bist du wahnsinnig geworden?« Jetzt drehte ich den Ton folgsam auf die Lautstärke zurück, die ich sowieso wollte, und meine Mutter war dankbar, weil eben alles relativ ist; und weil man für gute Musik anscheinend Nerven braucht, die Erwachsene nicht mehr haben.

Wir wohnen in einem sehr merkwürdigen, uralten Mietshaus in der Sonnenfelsgasse, also im Herzen der Altstadt von Wien. Es hat eine abgetretene Wendeltreppe und selbstverständlich keinen Lift. Wer lange Stufen steigt, lebt lange, sagt meine Mutter. Unsere Wohnung hält uns jedenfalls extrem fit, weil sie unter dem Dach liegt. Wenn man durch das ganze Stiegenhaus im Kreis gegangen ist und atemlos und schwindlig oben steht, muß man noch über ein paar gefährlich morsch wirkende Holzstufen weitersteigen. Jedenfalls ist von modernem Wohnen in diesem Haus aus der Zeit Maria Theresias wirklich keine Rede. Es ist eher ein bewohntes Museum, in das man mit vielen Tricks Badezimmer eingebaut hat. Daß in einer der dicken Mauernischen unserer Wohnung sogar ein Klo mit echter WC-Spülung versteckt ist, hat schon viele Besu cher verblüfft.

Als die harte Platte abgespielt war, schlug es nebenan zwei Uhr. Jetzt lag kaum noch ein halber Ferientag vor mir. Traurig, traurig! Aber man soll bei allem das Positive hervorkehren, lautet einer der Sprüche meiner Mutter. Also freute ich mich, daß ich diesmal wenigstens nicht gleich zum Cello getrieben wurde, um meine feriensteifen Finger in Schwung zu bringen. Im vorigen Herbst hatte ich am ersten Mittwoch nach den Ferien schon Cellostunde gehabt, für die ich vorbereitet sein mußte, da sie sonst Geldverschwendung gewesen wäre. Aber vor Schulschluß hatte ich meine Mutter heuer endlich soweit, daß sie meine Talentlosigkeit einsah. »Du verdienst deinen Spitznamen wirklich«, seufzte sie.
In der Schule nennen sie mich nämlich »Schweinsohr«, weil ich so fürchterlich brumme, daß mich der Musiklehrer nie mitsingen läßt. Und meine Mutter jammerte, sooft ich Cello übte: »Dir geht's gut, weil du gar nicht hörst, wie falsch du spielst!« Ich glaube, insgeheim war sie genauso erleichtert, als ich das Cellospielen wieder aufgab. Offiziell stellte sie sich jedoch verbittert, weil sie sich für sehr musikalisch hält. Eltern sind ja immer erschüttert, wenn die Kinder ihre Talente nicht erben. Und meine Mutter erwartete anscheinend noch zusätzlich, daß ich mich schuldig fühlte, weil ich so unmusikalisch war. Statt dessen hätte sie sich lieber selbst Vorwürfe machen sollen, mich so mißlungen in die Welt gestellt zu haben.
Zum Ausgleich dafür, daß mir das lästige Üben jetzt erspart blieb, sollte ich meiner Mutter nun das Zeltlagerleben schildern. Und wie immer kleidete sie auch dieses Verlangen in ein Sprichwort: »Wenn jemand eine Reise tut, dann kann er was erzählen . . .« Diese

ewige Aushorcherei ist ihre dritte schlechte Eigenschaft. Die zweite ist ihr penetranter Ordnungswahn und die erste ihr zeitraubender Schönheitssinn.
»Was soll ich dir denn erzählen?« fragte ich.
»Das mußt *du* doch wissen. Oder war *ich* drei Wochen in der großen, weiten Welt?«
»Es war sehr lustig«, sagte ich so traurig, wie ich immer werde, wenn mir nichts einfällt, zum Beispiel bei Erlebnisaufsätzen.
Meine Mutter betrachtete das als nicht erschöpfende Schilderung meiner letzten drei Ferienwochen. »Was habt ihr denn alles gemacht? Auf dem Zeltlager muß doch etwas Erzählenswertes los gewesen sein!«
»Schon«, sagte ich ratlos. Alle Erinnerungen waren wie aus meinem Kopf gelöscht. »Wir haben gespielt und so ...«
»Na also: gespielt!« triumphierte meine Mutter, als ob ich etwas ganz Ausgefallenes gesagt hätte. »Was denn?«
Ich zermarterte mir das Gehirn. »Indianer ...« sagte ich matt. Das war zwar eine Lüge, aber eine Notlüge, und Notlügen sind ja bekanntlich erlaubt. Wir spielen selbstverständlich nicht mehr Indianer. Aber meine Mutter macht ein Indianer spielender Sohn offensichtlich viel glücklicher als einer, der Fußball oder Pingpong spielt.
»Indianer!« rief sie begeistert. »Na, da habt ihr bestimmt einen Riesenspaß gehabt!« Ich hatte das seltene Gefühl, ein gutes Werk an meiner Mutter vollbracht zu haben.
Nun konnte ich endlich meinen Freund Peter anrufen. Wenn man Peter fragt, wie er heißt, antwortet er prompt: Peter Beele, Wien-Hofburg. Er wohnt näm-

lich im alten Stadtschloß der Habsburgerkaiser und bildet sich auf diese Adresse enorm viel ein. Ich bin zwar nicht sein einziger Freund, weil er ein ziemlich starker Typ ist und eine ganze Clique um sich schart. Aber ich glaube, ich bin sein bester Freund. Denn als seine Mutter im Winter den tödlichen Autounfall hatte und er so unglücklich war, hat er sich nur mit mir getroffen.

Seine Mutter hat mich übrigens damals vor zwei Jahren, als sie noch lebte, auf die Schnapsidee gebracht, Cello zu lernen. Mich begeisterten die weichen, samtenen Töne, die sie auf ihrem Cello hervorbrachte. Ihre Töne waren allerdings das genaue Gegenteil von den schnarrenden Geräuschen, die ich dann an meinem Cello herunterschabte.

Die Beeles sind überhaupt der Inbegriff dessen, was man eine musikalische Familie nennt. In der guten alten Zeit soll es – laut unserem Musiklehrer – in Wien nur so von solchen Familien gewimmelt haben. Heutzutage hingegen lernt die Jugend ja nur noch Platten spielen. Die Stimme unseres Musiklehrers nimmt bei dieser Bemerkung immer einen bitteren Unterton an. Seine Kinder können nämlich auch nur Platten spielen.

Peters ältere Schwester nahm den Hörer ab: Sabine. Sie ist so intelligent, daß sie kaum mit einem spricht. Peter sagt, sie ist eine Pestgrammel*. Dabei finde ich, das Aussehen ist noch das Positivste an ihr. Sie rief nur mit angeödetem Schrillton: »Der Ulrich Ulrich!«

Sie hatte leider recht: ich heiße tatsächlich Ulrich Ulrich! Dank dem einfallsreichen Taufscherz meiner Eltern, mir zu dem Familiennamen Ulrich noch einen Ul-

* Grammel = Griebe

rich als Vornamen zu verpassen, wurde ich für den Rest meines Lebens zum Quell der Erheiterung für Lehrer und andere einfältige Gemüter.
Peter machte einen sogar für seine Verhältnisse amtlichen Eindruck am Telefon. Er spricht nämlich auch ohne jeden Anlaß etwas geschwollen, weil sein Vater ein Oberlandesgerichtsrat ist; und solche Umweltverhältnisse färben eben auf uns Kinder ab. »Wir müssen eine kleine Konferenz abhalten«, sagte er mit einer neuen Männerstimme, um die ich ihn sofort glühend beneidete. »Kommst du zu mir in die Hofburg . . .?«
So ähnlich mußte diese Frage seinerzeit aus dem Munde Kaiser Franz Josefs geklungen haben. Daher war auch gar keine andere Antwort denkbar als: »Okay.« Wer in der Hofburg residiert, läßt kommen. Faules Stinktier! dachte ich, als ich auflegte.
Bevor ich ging, beschwerte ich mich noch bei meiner Mutter wegen der schlechten Erbanlagen. »Der Peter hat natürlich schon Stimmbruch gehabt, und dein Sohn piepst noch immer mit seiner Sopranstimme herum!«
»Jedem das Seine«, antwortete sie.
»Ich hab's schon vor dem Sommer kommen sehen, daß er es vor mir schaffen wird«, sagte ich vorwurfsvoll. »Er hat schon überall eine Menge Haare gehabt. Mein ganzer Körper ist aber noch immer eine einzige Glatze.«
»Blonde Menschen sind meistens weniger behaart«, sagte meine Mutter, ohne mich damit im geringsten zu trösten.
»Auf die Haare könnte ich locker verzichten«, sagte ich ärgerlich. »Wenn nur die blöde Stimme endlich heruntergeginge. Mädchen haben es bedeutend besser: die können so tun, als hätten sie schon einen Busen.«

»Dafür haben es manche von ihnen wieder schlechter. Mir ist nämlich noch nie ein Mann mit Sopranstimme begegnet. Auch Sängerknaben behalten nicht zeitlebens ihre Engelsstimmen. Aber es gibt Frauen, die ihr ganzes Leben nur so tun, als hätten sie einen Busen«, lachte meine Mutter schadenfroh. Sie hat leicht lachen, weil sie nämlich einen Busen hat.

Auf der Hofburg war die österreichische Staatsflagge gehißt. Peter Beeles Nachbar, der Herr Bundespräsident, war also auch zugegen. Natürlich ist er nicht wirklich Peters Nachbar, weil seine Amtsräume ja in einem ganz anderen Trakt liegen. Aber Peter sagt bei jeder Gelegenheit: unser Nachbar, der Herr Bundespräsident...

Sabine, die siebzehnjährige Intelligenzbestie, lag noch genauso wie im Juni quer über die Breite des Vorzimmers wie eine Teppichrolle und telefonierte mit geschlossenen Augen. Es war, als hätte sie seither die Augen nicht aufgeschlagen. Nur ihre Haut war brauner geworden, und das konnte nicht beim Telefonieren geschehen sein. Sie hielt die Lider geschlossen, während ich eintrat, Peter begrüßte und über sie drüberstieg, um mit Peter in sein Zimmer zu gehen. Sie selbst sprach übrigens kein Wort, grunzte nur hier und da bejahend oder verneinend in den Hörer. Wer in der Hofburg wohnt, redet offenbar nicht am Telefon, sondern läßt mit sich reden.

Peter hatte buschigere Augenbrauen bekommen, die wie zusammengerückt wirkten. Außerdem hatte er noch mehr Wimmerln*, und der Bartflaum, der zwi-

* Pickel

schen den Wimmerln sproß, griff schon langsam von der Oberlippe auf das Kinn und die Schläfen über.
»Schau mich nicht so entsetzt an! Ich weiß, ich muß mich dringend wieder einmal rasieren«, sagte er und ließ die Luft durch die Nase ab.
»Rasier dich lieber nicht, sonst wird aus deinen Wimmerln ein Blutbad«, piepste ich zurück. Das mußte sein. Gegen diese Angeberei konnte ich mich nicht anders wehren.
»Erinnere mich nicht an diese nervenzerfetzenden Wimmerln!« rief Peter und warf sich in den Schaukelstuhl. »Was hätte ich in diesen Ferien Frauen haben können, ohne meine Wimmerln! – Allerdings hab ich jetzt andere Sorgen ...« Er schaukelte verdrossen. »Unser Papa macht Probleme.«
»Deswegen die Konferenz?« Ich lümmelte mich auf die Couch und überprüfte die neuen Kassetten, die er im Sommer aufgenommen hatte. Lauter eher schwache Nummern. Von dem Geigengekratze, das die Beeles dauernd veranstalten, kann ja kein besseres Musikverständnis kommen.
»Genau«, sagte Peter. Und dann – als ob er meine Gedanken gelesen hätte – versetzte er mir aus heiterem Himmel den Schlag, der das zweite dicke Ende meiner Ferien bringen sollte. »Ich fürchte, du mußt doch weiter Cello lernen ...«
Wenn ein Vorschlag ganz indiskutabel ist, ist mir meistens leid um die Stimmbandabnutzung. Ich hob daher nur lässig den Zeigefinger und tippte mir aufs Hirn.
»Nicht nur meinem Vater, sondern uns allen zuliebe mußt du Cello spielen«, beharrte Peter auf seiner Wahnsinnsidee.

»Glaubst du, ich habe deswegen monatelang ums Aufhören gekämpft?« fragte ich gereizt.
»Ich gebe zu, du hast überdurchschnittlich schlecht gespielt«, gab mir Peter grinsend recht. »Aber dein Cello ist leider der wichtigste Bestandteil meiner Intrige.« Ich wußte nicht genau, was eine Intrige ist, aber das Wort gefiel mir; es hatte direkt etwas Teuflisches. Deshalb schwieg ich neugierig und ließ Peter weiterreden. »Jedenfalls hab ich beschlossen, daß wir beide Brüder werden.«
»Das finde ich gut«, sagte ich und fühlte mich fast geehrt durch einen solchen Antrag von einem Typ wie Peter Beele, Wien-Hofburg. »Du weißt hoffentlich, wie das profimäßig gemacht wird«, sagte ich abgebrüht. »Beide schneiden sich in den Finger und lassen das Blut zusammenfließen.«
»Gott, bist du kindisch«, sagte Peter.
Ich fand seinen Ton ärgerlich. »Willst du eine richtige Blutsbrüderschaft wie Old Shatterhand und Winnetou oder nicht?« fragte ich.
»Dazu müßtest du ja kaum Cello spielen, oder? – Also: es handelt sich darum, daß unser Familienquartett seit dem Tod meiner Mutter kein Cello mehr hat . . .« Er fing an herumzustottern. »Der Papa hat auch keine rechte Lust mehr zu spielen . . . Na ja, du weißt schon. Jedenfalls hat er sich im Sommer, wie er allein war, das Trinken angewöhnt.«
»Scheußlich!« murmelte ich angewidert. »Torkelt er herum?«
»Noch nicht«, sagte Peter ernst. »Aber er schüttet jeden Abend seine drei Achteln in sich hinein.« Ich wußte nicht, ob das viel ist, aber ich wiegte für alle Fälle bedenklich den Kopf. »Früher hat er nur getrun-

ken, wenn Gäste da waren. Du gibst zu, daß da was geschehen muß.«
»Logo. – Aber du mußt dir trotzdem wen anderen zum Cellospielen suchen. Ich rühre diese öde Kiste nicht mehr an.«
»Du stehst heute derart auf der Leitung«, seufzte Peter. »Es geht doch überhaupt nicht ums Quartett. Wenn mein Vater wochenlang nicht mehr schimpft, daß ich zuwenig übe, kannst du mir glauben, daß er bald vor die Hunde geht.«
»Das ist alles irr traurig, Peter, ehrlich . . .« Ich war aufrichtig erschüttert. »Aber ich bin ein Schweinsohr. Du wirst schon einen vierten für euer Quartett finden. Oder spielt eben Trio . . .«
Jetzt wurde Peter wütend. »Du bist wirklich einer der letzten ganz großen Idioten! – Erstens kann man ohne Cello fast gar nichts spielen. Frag meinen Vater: du bist das rhythmische Gerüst!« Als rhythmisches Gerüst bezeichnet zu werden, fand ich toll, aber unvorstellbar. »Zweitens kapier doch endlich, du Wappler*: es dreht sich nicht um dich, sondern um deine Mutter!«
»Die hat vor fünfundzwanzig Jahren zum letzten Mal Klavier gespielt. Und Gitarre hat sie seit ihrer Lehrerprüfung keine mehr angerührt!«
»Eben.« Er betrachtete mich wie der Arzt den Geisteskranken. »Weil sie nicht spielt, mußt ja gerade du für sie spielen. Hast du's jetzt endlich?«
Ich fing an, mich zu genieren, weil alles so sonnenklar war und ich keine Ahnung hatte, was er wollte. »Logo«, sagte ich schwach.
»Na endlich! – Wie findest du den Plan?«

* Quatschkopf

»Nicht schlecht«, sagte ich vorsichtig. »Nur eines: Cello spiele ich in dem Plan nicht.«
Peter sank in sich zusammen. »Und so was will ich in unsere Intelligenzlerfamilie hereinlassen! – Ohne dein blödes Cello können wir uns den ganzen Plan in die Haare schmieren, weil man Vater ein Musikfanatiker ist. Eine Frau, die nicht klimpert oder kratzt, ist für ihn unmusikalisch und schon vor dem Start disqualifiziert!«
Jetzt schrie ich ihn an: »Meine Mutter pfeift genauso wie ich auf euer elendes Gewinsel! Wir haben was Gescheiteres zu tun.«
»Warum regst du dich eigentlich so auf?« fragte er erstaunt.
»Weil auch ein Ulrich Familienstolz hat. Wir lassen uns nicht disqualifiziert schimpfen.«
»Hör zu«, sagte Peter ganz langsam und einprägsam. »Statt beleidigt zu sein, solltest du lieber sofort anfangen zu üben, damit deine Mutter sozusagen durch dich qualifiziert wird. Ich habe nämlich beschlossen, daß deine Mutter und mein Vater heiraten.«

Einige Stunden später saß ich mit meiner Mutter beim Abendessen. Es ist ein Wunder, daß ihr meine Verlegenheit nicht auffiel. So eine Ahnungslosigkeit hat etwas Erschütterndes. Arme Mama, dachte ich, du bist einem Mann zur Ehefrau bestimmt, den du noch nie gesehen hast!

Bei dem Gedanken mußte ich zugeben, daß der Plan von habsburgischem Format war und großartig zu Peter Beele, Wien-Hofburg, paßte. Diese Habsburger haben ja laut unserem Geschichtslehrer auch ihre Familienmitglieder quer durch Europa miteinander verkuppelt. Bei denen soll es vom Säuglingsalter an nichts als Verlobte gegeben haben.

Von Peter hatte ich Bedenkzeit verlangt. Immerhin ging es ja um einiges. Damit meinte ich nicht die Ehe meiner Mutter; auch nicht die heikle Frage, ob ich mich mit Leuten wie der arroganten Sabine und einem halbverrückten Richter und Komponisten in eine Familiengemeinschaft einlassen sollte. Nein, das erschien mir eigentlich alles nicht so folgenschwer wie der saure Apfel, in den ich dabei zu beißen hatte: das Cello.

Bis auf diesen einen Punkt war ich schon bereit, die Intrige für sehr annehmbar zu halten. Es ist ja unbestritten eine lustige Sache, zwei Menschen miteinander zu verkuppeln. Und schließlich war Vater Beele vereinsamt und sowohl von Alkohol wie von Haushaltschaos bedroht. Und meine Mutter und mich endlich von diesen vorübergehenden »Onkeln« zu befreien war auch keine schlechte Idee. Schließlich machte es meine Mutter doch immer ein bißchen traurig, wenn es wieder einmal mit einem Onkel aus war. Jetzt hatte sie zwar

eine schönere Nase. Aber es lag ja bestimmt nicht an der Nasenspitze, sondern daran, daß es halt nicht leicht ist, in ihrem Alter noch einen passenden Partner zu finden. Immerhin war sie schon fünfunddreißig!
Im Vergleich mit diesen Onkeln konnte ich mir Dr. Beele eigentlich immer besser als Vater vorstellen. Er ist vielleicht ein komischer Kauz, dachte ich, aber ein lieber komischer Kauz, abgesehen von seinem Musikfimmel. Und meine Mutter ist ja auch nicht so ganz frei von gewissen Ticks: vor allem ihr Ordnungswahn, aber auch ihre Kleidersucht sind nicht so ohne, wenn man bedenkt, daß wir nie genug Geld haben.
Letzteres beruht übrigens darauf, daß mein Herr Papa uns nichts schickt, obwohl er durch Gerichtsurteil dazu verpflichtet wäre, Alimente für mich zu zahlen. Aber wir wissen nie genau, wo er sich gerade aufhält. Außerdem ist es überhaupt sehr kompliziert, jemandem im Ausland Geld abzuknöpfen, sagt meine Mutter. – Wenn ich versuchte, mir Dr. Beele als Vater vorzustellen, zweifelte ich zwar, ob er je so ein lockerer Feschak* von Vater sein könnte wie mein wirklicher Vater. Aber ich war wenigstens sicher, daß ein Mann wie er sich niemals um die Alimente für seinen Sohn herumdrücken würde, weswegen der arme Sohn keine Reitstunden nehmen darf, obwohl das sein Traum ist. Nein, so ein Typ war Dr. Beele nicht.
Ich zermarterte mir das Hirn nach einer müheloseren Intrige, damit die beiden sich unauffällig kennenlernen und öfter wiedersehen könnten. Aber es war zum Verzweifeln: alles schien tatsächlich nur vom Cello und mir abzuhängen. Ausgerechnet ich, Ulrich Ulrich, ge-

* von »fesch« (einer, der fesch sein will)

nannt Schweinsohr, mußte aus familienpolitischen Gründen Musikalität vortäuschen!
»Hilf mir die Wäsche aufhängen!« sagte meine Mutter nach dem Essen, und das unvermeidliche Sprichwort folgte: »Was Hänschen nicht lernt, lernt Hans nimmermehr.«
Ich glaube nicht, daß meine Mutter bei solchen leichten Arbeiten meine Hilfe wirklich braucht. Eher habe ich den Verdacht, sie will mich systematisch zum Hausmann erziehen. »Ich werde bald sowieso keine Zeit mehr für diese blöden Frauenarbeiten haben«, sagte ich bedeutungsvoll und reichte meiner Mutter eine Unterhose, die sie auf das ausziehbare Gestell über der Badewanne hängte.
»Ah, da mach dir nur keine Sorgen!« antwortete sie ungerührt. »Man hat ja genaugenommen für lästige Sachen nie wirklich Zeit. Aber man muß sich leider die Zeit dafür nehmen.«
Das war einer ihrer eigenen Sprüche, die den Sprichwörtern gleichgestellt sind, weil es ebenso sinnlos ist, etwas dagegen zu sagen. Daher steuerte ich lieber gleich auf das eigentliche Thema los. »Ich werde leider irr viel üben müssen, weißt du...« Sie sah mich erstaunt an. »Ja, ich habe mich entschlossen, doch weiter Cello zu lernen. Die Beeles brauchen mich nämlich dringend im Quartett.«
»Dich!?« rief sie. »Aber Ulli! Die Beeles sind doch alle hochmusikalisch, und du hörst nicht einen falschen Ton!«
»Wo ein Wille, ist auch ein Weg«, sagte ich und war unheimlich stolz, auch einmal mit einem Sprichwort jedes Gegenargument niederzumetzeln. Dann schaute ich ernst auf die baumelnden Wäschestücke. »Freust

du dich denn nicht darüber? Du warst doch so unglücklich, daß ich das Cello aufgegeben habe!«
»Schon, schon ...« Sie druckste so komisch herum, und ich hatte den Verdacht, daß es um das liebe Geld ging. Wenn sie schon, schon sagt, sucht sie meistens verzweifelt eine Ausrede. Ich wurde neugierig und schwieg sie bohrend an. Und richtig rückte sie kleinweis mit der Wahrheit heraus: »Erstens ist es mir peinlich, wieder zu deinem Lehrer zu gehen. Das schaut ja fast so aus, als wäre alles nur ein Trick gewesen, um die zwei Ferienmonate nicht zahlen zu müssen.«
»Dann zahlen wir sie halt nach«, sagte ich großzügig. »Das Geld müßte ja eigentlich noch im Kuvert sein.« Meine Mutter hat nämlich lauter blaue Geldkuverts mit verschiedenen Beschriftungen, in die sie jeden Ersten ihr Gehalt verteilt. »In dem Kuvert ›Kultur‹ müßte doch das Honorar des Cellolehrers übriggeblieben sein ...«
Sie hatte nur ein müdes Lächeln als Antwort. Die ganze Wäsche war nun aufgehängt, und meine Mutter packte mich fast zärtlich beim Schopf, um mich daran ins Wohnzimmer zu ziehen. »Du glaubst doch hoffentlich nicht im Ernst, daß bei uns in einem Kuvert Geld zurückbleibt. Nicht einmal im Katastrophenkuvert ist immer was drin.«
Wir setzten uns. »Aha«, sagte ich strafend, »dann hast du dir für das Cellogeld Fetzen* gekauft! – Typisch!« Sie lachte ein bißchen verlegen. »Du sprichst schon genauso wie ein alter Ehemann! – Nein, keine Fetzen. Ich werd mir jetzt lange keine Fetzen kaufen.« Ich schwieg wieder bohrend und holte damit den Rest des

* Kleider

Geständnisses aus ihr heraus. »Wenn du's genau wissen willst: ich habe das Geld aus ›Kultur‹ in das Kuvert ›Schuldenabzahlung‹ übersiedelt und sofort ausgegeben. Deswegen bringt mich dein plötzlicher Meinungsumschwung ein bisserl in Unordnung. Aber ich freue mich trotzdem und werde schon einen Ausweg finden.«

Ich starrte sie entsetzt an. »Was, du hast Schulden gemacht?« Das ist der Anfang vom Ende und paßt großartig zu der Beeleschen Trunksucht, dachte ich; und so muß ich auch dreingeschaut haben, denn meine Mutter wurde ganz heiter dadurch.

»Ich hab einfach einen Kredit bei der Sparkasse aufgenommen. Die Rückzahlungsraten machen ungefähr genausoviel aus wie deine Cellostunden. Aber das ist jetzt mein Problem.«

Ich war fassungslos. »Da bist du eigens, um zu sparen, nicht ins Mühlviertel gefahren, und jetzt haben wir *Schulden*?«

Meine Mutter lachte. »Ja glaubst du, so eine schöne Nase wird einem geschenkt? Die Operation hat natürlich einen Haufen gekostet . . .«

Am nächsten Morgen war die Schulmesse zum Beginn des neuen Schuljahres, die bei uns im Schottengymnasium aus Tradition ein bißchen größer aufgezogen wird. Denn früher haben hier nur Mönche unterrichtet. Sogar der Turnlehrer war ein Mönch. Wie der in der Soutane vorgeturnt hat, das muß ein Spaß gewesen sein. – Nach der Messe hielt der Klassenvorstand seine übliche Predigt: jedes neue Schuljahr ist ein neuer Anfang, und wir sollen gute Vorsätze fassen . . . Blablabla. Auf dem Heimweg erzählte ich Peter dann alles von

der Nase und den Schulden und schlug ihm vor, die Hochzeit um ein halbes Jahr zu verschieben.
»Du bist ein Wappler«, sagte er wie üblich, »in einem halben Jahr hast du deine sowieso minimale Fingertechnik ganz verloren. Außerdem können wir nicht so lange warten.«
»Du meinst«, sagte ich möglichst taktvoll, »weil dein Vater sonst die Flitterwochen in der Trinkerheilanstalt Kalksburg verbringen muß?«
Peter nickte gedankenverloren. »Wenn man am Konservatorium lernt, so wie ich zum Beispiel, dann kostet der Unterricht fast gar nichts . . .«
»Toll!« rief ich begeistert. »Dann lasse ich mich eben auch am Konservatorium einschreiben!«
»Die Sache hat leider einen kleinen Haken«, sagte Peter. »Dort nehmen sie nur begabte Kinder auf, weil der Staat keine Steuergelder in Schweinsohren investiert.«
Wir trotteten ein paar Meter mutlos nebeneinander her. »Aber ich werde meine Geigenlehrerin anrufen und sie fragen, wie wir die Sache angehen können. Am Konservatorium sind zwar noch Ferien, aber sie ist ein großer Fan von mir.«
Diese Geigenlehrerin mußte wirklich ein großer Fan von Peter sein, denn sie rief sofort ihren Kollegen, den Cellolehrer Francescatti, an und erfuhr, daß dieser zufällig am nächsten Tag etwas aus seinem Klassenzimmer zu holen hatte. »Da schau ich mir den Buben gerne an«, sagte er. Gerne sagte er wahrscheinlich nur, weil Peter seiner Lehrerin verschwiegen hatte, daß ich ein Schweinsohr war.
Ich legte mich also am nächsten Tag vor dem Klassenzimmer auf die Lauer. Plötzlich schlenderte ein langer, zaundürrer Lockenkopf um die Ecke. Er trug Jeans

und ein knallrotes T-Shirt und sah überhaupt nicht wie ein Professor aus.
»Grüß Gott, Herr Professor Francescatti«, sagte ich und hoffte, er würde nun gleich das große Aha-Erlebnis haben. »Ich bin der Freund von Peter Beele ...« Ich sah aber sofort, daß Peter Beele ihm kein Begriff war und daß er mich auch mit dem gestrigen Telefonat seiner Kollegin nicht in Zusammenhang brachte. »Vom Peter Beele – Wien-Hofburg ...«
»Ich verkehre nicht bei Hofe«, sagte Francescatti und sah aus seinen lustigen Augen auf mich herunter. »Aber wenn du mit einem einfachen Mann aus dem Volke vorlieb nimmst, dann komm herein.«
Das Klassenzimmer sah aus wie ein Warteraum mit Klavier und Cello. »Wie heißt du denn?« hörte ich ihn fragen.
»Ulrich.«
»Ich meine mit dem Familiennamen ...«
»Ulrich.«
»Ah so. – Und mit dem Vornamen?«
»Ulrich.«
Francescatti wollte anscheinend zeigen, wie geduldig ein Cellolehrer sein muß, denn seine Stimme wurde immer gütiger: »Wie heißt denn dein Vater?«
»Ulrich.« Ich sah kommen, daß nun alles wieder von vorne beginnen würde, und sagte: »Ich habe das Pech, daß ich nur Ulrich heiße, Herr Professor: Ulrich Ulrich. Aber deswegen bin ich nicht da ...« Er tippte sich erleuchtet auf die Stirn und sah anscheinend ein, daß er auf der Leitung gesessen war. Es stand eins zu null für mich, aber nur kurz. »Ich bin da, weil ich in Ihre Klasse aufgenommen werden möchte ... wenn das ginge.«

»Aha! – Da mußt du vor einer Lehrerkommission eine Aufnahmeprüfung machen. Aber wenn du begabt bist, kann ich mich ja eventuell für dich einsetzen.«
Als ich das Wort »begabt« hörte, wurde ich von einer leichten Übelkeit befallen, ließ mir aber nichts anmerken. Da fragte er ganz unschuldig: »Hast du bis jetzt ein Instrument gelernt?«
»Schon, aber aufgegeben . . .«
»Aha«, sagte der Professor und wirkte hoch geehrt, »weil du jetzt Cello lernen willst, nicht wahr? – Was hast du denn bisher gespielt?«
»Cello.«
Jetzt sah er mich wieder mit dem gewissen Irrenarztblick an. »So, so«, sagte er besorgt, »du möchtest also von Cello auf Cello umsatteln?« Ich nickte. »Und darf ich fragen, Ulrich . . .« tastete er sich nun vorsichtig an das Problem heran, »warum du das Cello aufgegeben hast?«
Es war mir offensichtlich gelungen, ihn gespannt zu machen, denn er hing förmlich an meinen Lippen. Ich hatte aber keine Ahnung, was ich sagen sollte, und in solchen Fällen passiert es mir oft, daß mir die Wahrheit herausrutscht: »Weil ich leider sehr unmusikalisch bin . . .«
»Aber nein!« Der Irrenarztblick ruhte wieder auf mir, nun aber etwas väterlicher.
»Doch«, beharrte ich auf meiner Aussage, »ich darf deswegen auch nie im Chor mitsingen.«
»Also singen kannst du auch nicht!? – Und darum meinst du, hier am Konservatorium, wo alle unmusikalisch sind, da paßt du gut her, hm?«
Ich schluckte und sagte verlegen: »Das nicht . . . aber

der Privatunterricht ist meiner Mutter zu teuer, weil sie vor kurzem eine sehr teure Anschaffung hat bezahlen müssen ...«

»Wahrscheinlich ein neues Auto?« fragte er neugierig, obwohl ihn das gar nichts anging.

»Nein, nur eine neue Nase.« Mir kam langsam der Verdacht, mich nicht genug auf dieses Gespräch vorbereitet zu haben, denn mir fielen in der Schnelligkeit nur lauter Wahrheiten ein.

Francescatti hatte aber anscheinend aufgehört, sich zu wundern. Er setzte sich behaglich auf den Sessel vor dem Notenpult und sagte: »Verstehe! In solchen Notlagen muß Vater Staat natürlich aushelfen.« Das klang so spöttisch, daß ich Angst bekam, meine Sache nicht geschickt zu vertreten. Also lenkte ich lieber von der neuen Nase meiner Mutter ab. Unser Familienquartett wird ihm mehr imponieren, dachte ich und sagte: »Ich muß deshalb Cello lernen, weil die Mama und ich in ein Streichquartett einheiraten wollen, wo das Cello verunglückt ist.«

Irgendwie muß es Francescatti dann gelungen sein, mich ganz auszuhorchen. Denn einige Minuten später kannte er unsere Intrige haargenau, obwohl sie eigentlich mein einziges wirkliches Geheimnis war. Daher mußte ich ihn zu Verschwiegenheit vergattern. »Aber bitte sagen Sie das nicht meiner Mutter. Die Ehe soll nämlich eine Überraschung sein ...«

»Ah, die Frau Mama weiß noch gar nichts?« rief er begeistert und schien nun endlich die tieferen Zusammenhänge zu kapieren. Er lachte schallend. »Dann hol in Gottes Namen das Cello her und zeig mir, was du kannst!«

Ich wurde nervös und versuchte, die Katastrophe noch

abzuwenden: »Ich habe aber mehr als zwei Monate nicht geübt . . .«
»Dann spiel mir halt nicht gleich das Cellokonzert von Dvořák vor, sondern eine simple Tonleiter.«
Es begann damit, daß ich das Cello, das vermutlich unheimlich verstimmt war, nicht stimmen konnte. Von Quinten-Hören war sowieso keine Rede. Aber vor lauter Aufregung hörte ich nicht einmal, ob die A-Saite höher oder tiefer war als das Klavier-A. Als das Cello endlich noch wesentlich verstimmter war als vorher, stimmte es Francescatti selbst und wollte eine C-Dur-Tonleiter hören. Was er dann hörte, weiß ich nicht. Jedenfalls keine C-Dur-Tonleiter, das war mir klar.
»Das zieht einem ja die Schuhe aus!« jammerte er. »Hörst du eigentlich, daß du saufalsch spielst?«
»Heute komischerweise schon«, sagte ich wahrheitsgemäß. »Es muß daher falscher sein als sonst.«
»Das ist beruhigend«, lachte er und riß mir das Cello weg, um einen zweiten Versuch zu verhindern. »Jetzt paß auf, Ulrich Ulrich. Wenn du der Lehrerkommission in ungefähr zwei Wochen so eine atonale Musik vorführst und ich stimme für deine Aufnahme, werden die Kollegen annehmen, daß ich in den Ferien ganz den Verstand verloren habe. Dein zukünftiger Herr Halbbruder in der Hofburg soll daher täglich einige Stunden lang mit dir üben, indem er dir jeden Ton am Klavier anschlägt. Wenn einer kein Gehör hat, dann muß er sich eben eines bilden. Besser gesagt, es reparieren wie ein kaputtes Auto. Das ist nur leider sehr mühsam. Wenn du zur Aufnahmsprüfung eine Tonleiter und ein Stückchen aus dem Volksliederalbum so spielst, daß es mir nicht die Schuhe auszieht, dann werde ich halt versuchen, eurem Familienglück

nicht im Weg zu stehen. – Hast du wenigstens geschickte Finger?«

»Und wie!« rief ich und war froh, endlich mit gutem Gewissen etwas Positives über mich sagen zu können.

»Das freut mich«, sagte der Professor aufrichtig. »Dann könntest du an meinem Fahrrad die Felgenbremse nachstellen. Meine Sicherheit liegt nämlich in deinem Interesse. Wenn ich verunglücke, findet dich garantiert kein Lehrer mehr begabt genug, um sich für deine Aufnahme ans Konservatorium einzusetzen.«

Wir spielen dreihändig Cello

Im Umkreis des Konservatoriums parkte nur ein einziges Fahrrad, also mußte es das von Professor Francescatti sein. Es war ein klappriges Vehikel, uralt und schwer, in wüsten Hippiefarben bemalt und technisch in katastrophalem Zustand. Weit hat er's gebracht, dachte ich. Ein Glück, wenn man gar nicht in Gefahr ist, ein Berufscellist zu werden.
Im Werkzeugtascherl fand sich leider ein Mehrlochschlüssel, so daß es keine Ausrede gab. Als ich die Felgenbremse nachgestellt hatte, fiel mir ein, daß es meiner Aufnahmsprüfung nicht schaden könnte, auch noch die Kette zu spannen. Peter war ja nicht da, um mich einen Streber zu schimpfen. Als die Kette gespannt war, fand ich, Francescatti habe sich eigentlich eine noch größere Belohnung verdient, weil er meine C-Dur-Tonleiter angehört hatte, und zog noch ein paar Muttern nach. Dann war mir schon alles egal, und ich reparierte auch noch das Licht, denn mir wurde langsam angst und bang, wenn ich an meine Aufnahmsprüfung dachte. – Wie viele hundert Fahrräder würde ich lieber reparieren als meine zwei Ohren!
Ich war schon nahe daran, die Lust an der Intrige zu verlieren. Wozu mußte ich meine Mutter verkuppeln? Sie sollte sich selber einen Mann suchen! Was mich noch am meisten bei der Stange hielt, war die Schadenfreude, daß Peter Beele mit mir üben mußte. Die ganze Marterqual allein durchmachen zu müssen, obwohl Peters trunksüchtiger Vater das Heiraten viel dringender nötig hatte, das wäre eine zu große Zumutung gewesen.
Ich hatte es so eilig, Peter diese betrübliche Mitteilung

zu machen, daß ich mitsamt meinen schmierigen Mechanikerhänden zu den Beeles lief.
»Mit solchen Pfoten kommst du in die Hofburg?« empfing mich Peter. Wir stiegen über Sabine, die noch immer wie eine telefonierende Teppichrolle im Vorzimmer lag. Während ich mir in der Küche mit hochwirksamen Haushaltschemikalien die Hände säuberte, bekam Peter einen Tobsuchtsanfall, weil die Küche aussah wie nach einem Bombenanschlag. Teller, Gläser, Besteck, Speisereste und was man sonst noch in der Küche nicht sehen will, lag malerisch über sämtliche Abstellflächen verteilt.
»Und da bildet die sich ein, sie ist eine tolle Hausfrau!« brüllte Peter und stürmte ins Vorzimmer. Er unterbrach mit zwei Fingern Sabines Telefongespräch. »Räum lieber auf, du Sau!« Anscheinend geht es doch nicht gar so fein zu in der Hofburg.
Ich sah durch die Tür, daß Fräulein Sabine nun – vermutlich zum ersten Mal in diesem Herbst – ihre telefontrunkenen Augen öffnete. »Wenn du das noch einmal machst, hau ich dir eine in dein blödes Wimmerlgfrieß*!« sagte sie ruhig, während sie die Nummer neu wählte. »Bekanntlich muß ich kochen, und du machst sauber.«
»Aber nicht so einen Stall!« schrie Peter. Die Telefonleitung traute er sich aber doch nicht noch einmal zu unterbrechen. Denn er rauft nur sehr ungern mit Sabine. Erstens weil sie schon ausschaut wie eine junge Dame. Zweitens, weil sie größer ist als er und es nicht sicher ist, ob er gewinnen würde.
»Ich habe eben heute komplizierter gekocht«, sagte sie

* Pickelgesicht

gelassen, legte sich wieder nieder und schloß die Augen. »Wir wurden unterbrochen«, flötete sie in den Hörer.

»Harte Spaghetti mit verbrannter Sauce hast du gekocht. Morgen koch ich, und du räumst auf!« schrie Peter, daß seine neue Männerstimme in die alte Tonlage umschnappte, und schlug die Küchentür zu. »Heute abend prozessieren wir um einen anderen Küchendienst«, sagte er. »Das sind ja keine sozialen Verhältnisse.«

Bei den Beeles heißt es nämlich »prozessieren«, wenn man sich über etwas beschwert. Wie andere Väter Eisenbahn spielen, spielt Dr. Beele mit seinen Kindern Gerichtsverhandlung. Dabei verwendet er angeblich die Original-Juristensprache, was Peter enorm komisch findet. Sabine findet es idiotisch, aber nur, weil sie die meisten Prozesse verliert, sagt Peter.

»Kannst du überhaupt kochen?« fragte ich und betrachtete hoffnungslos meine noch immer schmutzigen Finger.

»Natürlich nicht«, sagte Peter. »Aber scheußlicher kann der Fraß bei mir auch nicht werden. Glaubst du, die Sabine schaut nicht jeden Handgriff im Kochbuch nach? Sie sagt einfach, sie kann kochen, weil sie nicht die Küche putzen mag.« Er begann nun, das überall versprengte Schmutzgeschirr sortenweise zusammenzustellen, und zwar in verdächtiger Nähe von mir. Dabei machte er ein angeekeltes Gesicht.

»Du kannst schon zum Abwaschbecken. Reiner werden meine Hände nicht«, sagte ich freundlich und trat beiseite.

»Ich habe eine tolle Idee«, sagte er noch freundlicher. »Wasch einfach die paar Töpfe und Teller da ab, dann

werden deine Hände von selber sauber, und du ersparst dir die Ripplerei.«
»Deine Einfälle auf meine Kosten kenn ich schon«, seufzte ich. Und dann holte ich zum Schlag aus. »Aber immer klappt's halt nicht ganz so, wie du willst. Es gibt schlechte Nachrichten für dich.«
»Richtig, du warst ja beim Francescatti! – Er nimmt dich also nicht?«
Ich zuckte die Schultern. »Hängt alles davon ab, ob mein zukünftiger Herr Bruder mithilft, mein Gehör zu reparieren . . .«
»Ich?« jaulte Peter auf, als hätte ich ihm ein Klavier auf die Zehen gestellt.
Ich nickte gelassen und ließ heißes Wasser in das Spülbecken laufen. »Das hat er wörtlich gesagt: Ohne einen, der mir am Klavier die Töne anschlägt, ist so eine Reparatur nicht zu schaffen. – Ja, ja, da hast du dir ein schönes Eigentor geschossen!« Ich grinste bedauernd.
»Wo ich kaum selbst zum Üben komme?« kreischte Peter. »Der spinnt ja, der Francescatti!«
»Tja, du hast die Wahl: entweder wir geben uns eine Weile zu zweit meinem Cello hin, oder du kannst dir deine Hochzeitsintrige eingerahmt aufs Klo hängen.«
Jetzt machte das Töpfeschrubben direkt Freude, denn ich konnte dabei zusehen, wie der Supermann Peter Beele, Wien-Hofburg, zappelte.
»So was Lächerliches! Wer braucht denn Nachhilfe im Hören?« Er knallte einen Stoß Teller neben mein Spülbecken.
»Jedes Schweinsohr, das plötzlich ans Konservatorium will, um mit den hochmusikalischen Beeles Quartett zu spielen.« Ich war die Ruhe selbst, während er tobte wie das Rumpelstilzchen.

»Das ist nackte Erpressung!« Peter war so wütend, daß er kein Wort mehr sprach, bis wir die Küche soweit hatten, daß sie wieder einer Küche ähnlich sah. Von ordentlich im Sinne meiner Mutter war natürlich noch lange keine Rede.

Wir stiegen über Sabine und gingen, noch immer schweigend, durch das Musikzimmer. Dort sah es so ähnlich aus wie in der Küche, nur daß es hier Noten waren, die tonnenweise auf Stühlen, Pulten, Tischen und Tischchen lagen. Selbstverständlich war auch der ganze Flügel mit Noten übersät. Leere, offene Geigenkästen und drei verstreute Violinen (oder Bratschen, den Unterschied sieht man nur mit der Lupe) ergänzten das kunstvolle Stilleben. Und auf allem lag dicker Staub.

»Kommt eure Bedienerin nicht mehr?« fragte ich. Aber Peter schwieg beharrlich. »Wahrscheinlich weiß sie gar nicht, wo sie in dem Zimmer anfangen soll, und läßt es daher ganz bleiben«, gab ich mir selber Antwort. Und noch eine Antwort gab ich mir, als ich diese Wohnung mit dem verglich, was sie vor acht Monaten an Gemütlichkeit geboten hatte: im Zweifelsfall ist eine Single-Mutter noch besser als ein Single-Vater.

Als wir in Peters Zimmer kamen, sprach er zwar noch immer nicht, aber er zerstückelte schon ein Gummiringerl in Moleküle, die er hektisch um sich verstreute. Das war ein untrügliches Zeichen, daß er im Begriff war, klein beizugeben. Und prompt kam auch der erleichternde Kraftausdruck: »Scheiße!« – Damit hatte er also offiziell ja gesagt.

Daß wir nur in der Hofburg üben konnten, bedurfte keiner Erwähnung, da bei uns daheim kein Klavier vorhanden ist. »Wir sind hier ab halb vier vor meinem

Vater nicht mehr sicher. Er fällt seine Urteile nämlich öfters zu Hause.«
»Was? Hier im Musikzimmer verurteilt er die Leute?« fragte ich entsetzt.
Peter nickte, als fände er das ganz normal. »Der Papa darf erstens nicht erfahren, wie falsch du momentan spielst. Zweitens muß er nicht unbedingt wissen, daß du auf unserem Cello herumkratzt. – Die Sachen von der Mama werden nicht angerührt, nicht einmal ihre Kleider. Na ja, so ist er halt.«
Das leuchtete mir irgendwie ein. »Ich spiele sowieso lieber auf meinem Cello«, sagte ich.
Aber Peter schüttelte unwillig den Kopf. »Stört leider unseren Plan.« Ich starrte ihn an, so daß er sich zu weiteren Erläuterungen herbeiließ. »Du mußt offiziell das zarte Bubi sein, dem nicht zugemutet werden kann, so ein Trumm durch die ganze Innenstadt zu schleppen.«
»Logo«, sagte ich. Es klang aber nicht überzeugend.
Peter setzte wieder sein überlegenes Lächeln auf und sagte spöttisch: »Wenn du dein Cello nicht schleppen kannst und unseres nicht angerührt werden darf – wie kommt der kleine Ulli denn dann zum Streichquartett? Na, wie denn?«
»Die Mama wird mich vielleicht . . .«
»Gewonnen!« rief Peter triumphierend. »Und wenn sie schon einmal da ist, kommt sie gleich mit herauf, weil sie dich ja sowieso wieder heimfahren muß.«
Das klang alles sehr einleuchtend, aber wohl war mir nicht bei der Sache. »Wenn dein Vater aber was dagegen hat . . .?«
Wir schauten haarscharf aneinander vorbei. Dann sagte Peter mit rauher Stimme: »Kannst du dich denn nicht mehr erinnern, wie meine Mama war?«

»Logo«, sagte ich. »Sehr genau sogar.«
»Na also! Dann weißt du auch, daß sie dir ihr Cello von Herzen gern leiht, du Wappler!«

Am nächsten Tag starteten wir die Wahnsinnsaktion. Meiner Mutter durfte ich wenigstens die Wahrheit sagen. Nicht die ganze natürlich; aber daß Peter mit mir üben wollte, um mich ihrer Brieftasche zuliebe ans Konservatorium zu bringen, das fand sie goldig von ihm. »Der Peter ist halt ein echter Freund!« sagte sie ganz ergriffen. Wenn die wüßte, dachte ich. Aber es konnte ja nicht schaden, wenn ihr künftiger Stiefsohn bei ihr einen Stein im Brett hatte.
Ein härterer Brocken war Sabine, die Intelligenzbestie. Sie war in allen Dingen stur der Meinung ihres Vaters, außer in Fragen ihrer Erziehung. Daher fand sie es selbstverständlich unheimlich pietätlos, daß ich auf dem Cello ihrer Mutter spielen sollte. »Kommt nicht in Frage«, sagte sie, als ob sie was zu sagen hätte. »Wenn wir deinem Ulrich Ulrich schon helfen« – *wir* sagte die Gans, obwohl sie keinen Finger dabei rührte! –, »dann muß er halt sein Cello mitbringen, basta!«
Wir zogen uns in Peters Zimmer zurück. »Krisengipfel« nannte er das und sagte mit fachmännischem Kopfnicken: »Die müssen wir uns kaufen. Wird aber leider nicht billig sein.«
Die Bestechung, die wir Sabine anbieten mußten, lag auf der Hand. Peter hatte nämlich am Abend vorher den Küchendienst-Prozeß gegen sie gewonnen. Das Urteil lautete: Jeden Tag wird abgewechselt. Peter sollte auch kochen lernen, damit er im Falle des Falles nicht so ahnungslos dasteht wie sein Vater heute. »Wir

werden halt freiwillig jeden Tag saubermachen, so wie gestern«, sagte Peter seufzend.
»*Wir?*« schrie ich gequält auf. »Mir reicht der Küchendienst bei meiner Mutter!« Aber bevor Peter noch etwas einwenden konnte, machte ich eine zustimmende Geste. »Okay, eine Hand wäscht die andere!« Mir fiel unangenehm auf, daß ich auch schon in Sprichwörtern zu reden anfing, wie Peter mit seinen Fremdwörtern. Das konnte ja lustig werden; die vereinigte Familie Beele-Ulrich spricht wahrscheinlich nur noch in lateinischen Sprichwörtern.
Der Handel mit Sabine war in einer Minute perfekt. Als sie hörte, daß sie nicht mehr ihren eigenen Dreck in der Küche putzen mußte, waren alle Bedenken wegen der Pietät wie weggewischt. »Warum eigentlich nicht? Papa hat es nicht ausdrücklich verboten, also können wir annehmen, daß er nichts dagegen hat. – Außerdem: was er nicht weiß, macht ihn nicht heiß.«
Wir hatten also grünes Licht zum Üben und gingen ins Musikzimmer. »Ich muß noch schnell aufs Klo«, sagte Peter. »Stimm das Cello inzwischen!« Ich wollte schon sagen, kneif nicht, sondern nimm das Cello schön selbst heraus! Sah aber ein, daß ich ihm das wohl oder übel abnehmen mußte.
Ein bißchen gruselig war mir schon, als der Deckel des Futterals plötzlich offenstand. Ich griff nicht gleich zu, weil ich unwillkürlich an die Spurensicherung der Polizei denken mußte. Bis zu diesem Moment waren keine anderen Fingerabdrücke auf dem Cello als die von Peters Mutter. Ich war also dabei, die ganz persönlichen Spuren einer Toten zu vernichten. »Tut mir leid, Frau Beele«, sagte ich, »es geht nicht anders. Sie

wollen doch auch, daß Ihr Familienquartett erhalten bleibt, oder?«
Dann hatte ich das Instrument endlich in der Hand. Das Schlimmste war geschafft. Die ersten Fingerabdrücke von mir waren schon einmal drauf. Ich hatte mitgeholfen, daß das Leben weiterging. Gleichzeitig hatte ich so ein komisches, irgendwie feierliches Gefühl, jetzt von Frau Beele den Auftrag zu haben, dieses verdammte Cellospielen zu schaffen und im Quartett ihren Platz einzunehmen.
Als Peter zurückkam, hatte ich das Cello schon zwischen den Schenkeln und strich die Saiten, als ob nichts wäre. Er war sehr erleichtert, daß der Bann gebrochen war, das sah ich ihm an. Er setzte sich ans Klavier und schlug ein A an.
Damit begann der dornenreiche Weg unseres gemeinsamen Musizierens. – Weit treffender könnte man unsere Tätigkeit als Dauerstreiten bei Instrumentalgeräuschen bezeichnen. Denn wir stritten praktisch ohne Unterbrechung.
»Dein A ist viel zu tief!« sagte Peter.
»Oder deines zu hoch!« sagte ich.
»Soll ich vielleicht den Klavierstimmer rufen, damit du deine vier Saiten nicht stimmen mußt?«
Das Argument war schwer zu entkräften. Also begann ich den Feinstimmer fieberhaft nach rechts zu drehen und zupfte dabei ständig an der A-Saite.
»Höher! Höher!« kreischte Peter und hämmerte sein A.
»Jetzt ist es endlich zu hoch«, sagte ich optimistisch.
»Blödsinn, noch immer viel zu tief. Schraub weiter!« befahl Peter.
»Höher geht es nicht mehr. Das Gewinde ist zu

Ende.« Ich mußte den Feinstimmer also wieder ganz zurückschrauben und erst einmal oben beim Wirbel grob stimmen. »Hättest du mir nicht gleich sagen können, daß ich einen Ganzton zu tief bin?«
Der Wirbel war wie eingerostet. Mit aller Kraft ließ er sich um keinen Millimeter bewegen. Das war jetzt wenigstens ein Problem, das mich als Bastler interessierte.
»Hol die Rohrzange!« befahl *ich* fachmännisch. Vom Handwerklichen verstehe ich eindeutig mehr und konnte mich endlich auch einmal aufspielen.
»Das kannst du bei den Ulrichs machen. Die Instrumente der Beeles werden nicht mit der Rohrzange gestimmt«, sagte Peter. »Klemm das Cello fest ein. Ich drehe den Wirbel!«
Ich umklammerte das Cello mit allen vieren, er stellte sich hinter mich, holte tief Luft und stemmte sich mit zusammengebissenen Zähnen gegen den Wirbel. Diese scheinbar zarten Zapfen erwiesen sich als unheimlich zäh. Ich hörte es da oben zwar verdächtig knacksen, der Wirbel war aber noch immer nicht ab. Und plötzlich hatte Peter es geschafft. Der Wirbel drehte sich vollautomatisch und mit hoher Tourenzahl. Leider in die falsche Richtung. Die A-Saite hing jetzt schlapp neben dem Griffbrett.
»Toller Erfolg!« spottete ich.
»Immerhin!« keuchte Peter und drehte den Wirbel wieder zurück, wobei er ihn auch noch fest hineinpressen mußte. Er plagte sich enorm, und der Erfolg blieb nicht aus: die Saite riß ab. »Künstlerpech«, sagte Peter. »Ich hab gemeint, bei so einer Cellosaite muß man fest anziehen. Dabei ist das genauso ein Mist wie meine Geigensaiten.«
Im Futteral fanden wir zum Glück ein paar alte Saiten.

»Eine neue ist sowieso viel zu schade für dich«, sagte Peter und zielte die Saite in das Loch, was nicht gelang, weil sie eingeringelt war wie ein Schweineschwanz.
Bei diesem ersten Stimmen passierte uns so ziemlich alles, was anderen, die überdurchschnittlich viel Pech beim Stimmen haben, im Laufe ihres ganzen Lebens passiert. Jedenfalls waren wir schon so gut wie zerstritten, als Peter schließlich brüllte: »Jetzt reicht's. Fang schon endlich zu kratzen an!«
Also startete ich die Fingerübung und hatte den Eindruck, daß unser Gezanke jetzt erst so richtig in Schwung kam. Zuerst stritten wir, wo das Notenpult stehen sollte. Daß zwei Geiger oder Flötisten an einem Pult sitzen, ist ja in jedem Orchester zu sehen. Aber ein Pianist und ein Cellist, die von denselben Noten spielen, sind eher eine Seltenheit.
Wenn das Pult so nahe an Peters Stockerl* stand, daß er die Noten sehen konnte, dann mußte ich so nahe an ihn heranrücken, daß ich ihm den Bogen bei jedem zweiten Strich in den Bauch stieß. Folglich zog ich das Pult so weit von ihm weg, daß ich unbehindert streichen konnte.
Peter zog das Pult sofort wieder zu sich. »Wie soll ich deine saufalschen Töne ausbessern, wenn ich die Noten nicht sehe?«
»Dann können die beiden eben aus technischen Gründen nicht heiraten«, sagte ich trotzig und legte den Bogen weg. Mir wäre noch immer jede Ausrede recht gewesen, um aus der Sache heil herauszukommen.
»Wappler!« schrie Peter und schob das Pult verächtlich zu mir herüber. »So leicht gibt Peter Beele, Wien-Hof-

* Hocker

burg, nicht auf!« Er rückte sein Stockerl von der Mitte des Klaviers ganz nach rechts zu den hohen Tönen, so daß er nur mit der weit von sich gestreckten Hand die unteren Tasten des Baßschlüssels erreichen konnte. Gleichzeitig verrenkte er sich den Hals nach dem Notenblatt.

»Das ist die Glanznummer eines geprüften Akrobaten, aber keine Haltung beim Klavierspielen«, sagte ich.

»In dieser Haltung dein Gewinsel anhören zu müssen ist eine Foltermethode, die den Folterknechten im Mittelalter halt nicht eingefallen ist.«

»Du bekommst eine kaputte Wirbelsäule ...« sagte ich vorwurfsvoll.

»Spielt alles keine Rolle. Hauptsache, du hast ideale Arbeitsbedingungen.«

Es blieb mir nichts anderes übrig, als das Pult wieder etwas zu ihm hinzuschieben.

»Sehr menschlich!« brummte Peter. »Küß die Hand!«

Das Zusammenspiel verlief nun folgendermaßen: Ich strich einen Ton an, Peter rief: »Falsch!«, hämmerte ihn wie ein tobsüchtiger Klavierstimmer auf den Tasten, bis ich mich dazu durchrang, meinen Finger auf dem Griffbrett zu verschieben. Einer mußte schließlich nachgeben, und die Klavierspieler sind ja bekannt unflexibel mit ihren trottelsicheren Tasten. »Noch falscher!« brüllte Peter dann und hämmerte noch wütender auf dem Klavier. »Hörst du denn gar nichts?«

»Klar hör ich, daß es ein anderer Ton ist. Aber manchmal ist es ein Lotteriespiel, ob er höher oder tiefer gehört.«

»Du bist ein Wunderkind!«

»Kannst du nicht gleich ›höher‹ oder ›tiefer‹ brüllen statt immer nur ›falsch‹?«

»Alles was du willst«, stöhnte er, »wenn nur diese Stunde vorübergeht, ohne daß es mir die Ohren zerreißt!«
Die Stunde ging an Peter Beele nicht spurlos vorüber. Er wirkte danach körperlich gebrochen, heiser geschrien, seine Nerven waren sichtlich zerfetzt. »Ich glaube jetzt wirklich, daß ich ein Genie bin«, sagte er matt. »Denn angeblich leiden nur Genies körperliche Schmerzen bei minderwertigen Kunstdarbietungen.«
»Du bist ganz sicher eines«, erwiderte ich ehrlich beeindruckt. »Nicht nur, daß du schon weißt, ob ich zu hoch oder zu tief bin, bevor du den Ton anschlägst. Du findest die Töne auf einem Instrument, das du nie richtig gelernt hast. Und noch dazu im Baßschlüssel, obwohl du nur den Violinschlüssel brauchst . . .«
»Begnadet, was?« Er lachte. »Nur weil einer kein total verkümmertes Gehör hat, ist er noch lange kein Genie. Mein Vater ist eines – vielleicht.«
Mir war ziemlich flau zumute, denn jetzt wußte ich erst, wie falsch ich zwei Jahre Cello gespielt hatte.
Peter schaute auf die Uhr und schrieb auf ein Wandplakat: »9. September 15.00 Uhr bis . . .« Der Titel des Plakates lautete: »10 Extra-Übstunden von Peter für seinen lieben Vater zum 42. Geburtstag«. Peter sagte: »Und jetzt hau ab. Ich muß mein Geschenk abarbeiten. Mir ist wieder einmal nichts Gescheites eingefallen.« Er griff nach seiner Geige. »Wenn er mich beim Heimkommen üben hört, ist er gleich etwas sonniger, verstehst du.« Er wühlte in einem Notenhaufen, daß der Staub eine Wolke bildete, die ihn fast unsichtbar machte.

Der peinliche Zwischenfall ereignete sich, als wir beide diesen Leidensweg genau zehn Tage durchgemacht hatten. Ich wunderte mich schon, was der Mensch alles aushält. Jeden Tag derselbe Trott: Aufstehen, Schule, dann der Fraß, den Sabine Mittagessen nannte – eins so scheußlich wie das andere –, dann der Küchendienst in ihrem Schweinestall (abends übrigens noch einmal bei meiner Mutter; ich hatte praktisch zwei Haushalte zu führen), danach das dreihändige Celloüben und schließlich die Hausaufgaben, und zwar gleich für zwei. Die Hausaufgaben mußte ich nämlich fast allein machen, während Peter Geige übte. Er schrieb dann alles von mir ab, bis auf die Aufsätze natürlich. Von denen verfaßten wir eine leicht geänderte Beele-Fassung, die er »Beele-Variationen über ein Ulrich-Thema« nannte.
Vor fünf traf ich selten im Augarten ein, wo die Clique schon müde war und das Fußballmatch nur mir zuliebe noch ein bißchen fortsetzte. »Du Scheißstreber!« spotteten sie, weil sie glaubten, ich hätte die ganze Zeit gebüffelt. Aber das war noch immer nicht das Schlimmste: Meistens übte ich daheim noch einmal allein, weil ich es Peter versprochen hatte. »Deine Schweinsohren sind so einsame Weltspitze, daß eine Stunde nicht ausreicht«, sagte er. »Große Künstler üben acht Stunden am Tag.«
Am dritten Tag vor der Aufnahmeprüfung passierte es dann: Es war fünfzehn Uhr, und wir übten zum sechsunddreißigsten Mal das Stück aus dem Volksliederalbum: »Wenn 's Mailüfterl weht ...« Peter schrie gerade wieder: »Höher das Fis, du Wappler!« und hämmerte sein phantasieloses Fis ins Klavier, als Dr. Beele hereinkam. Er trug jetzt einen Vollbart und sah auch

sonst furchterregend aus. Wir erstarrten hinter dem Cello seiner verstorbenen Frau zu Salzsäulen.
So ähnlich müssen Adam und Eva mit dem Apfel unter dem verbotenen Baum gestanden sein, als der liebe Gott sie erwischte. Der redegewaltige Peter Beele, Wien-Hofburg, glich einem hypnotisierten Kaninchen und brachte kein Wort heraus. Mir war auch ganz komisch – so als hätte ich das Cello gestohlen.
Dr. Beele blieb bei der Tür stehen und sah uns mit seinen schwarzen Augen leicht verstört an. Jetzt mußte er jeden Moment bemerken, welches Cello ich da in der Hand hielt ...
Es paßte gut zu dem paradiesischen Augenblick, daß sich nun auch die Schlange hereinschlängelte: Sabine wogte, ohne eine Spur von Verlegenheit, auf ihren Vater zu und wackelte mit dem Hintern. »Hallo, Papa«, flötete sie und küßte ihn auf den Bart. »Ich hab's ihnen erlaubt – weil ich doch hier jetzt die Hausfrau bin. Also schimpf entweder mit mir oder am besten gar nicht.«
»Warum habt ihr denn alle so die Hose voll?« fragte Dr. Beele. »Hab ich je was dagegen gehabt, daß die Kinder musizieren?«
»Ich hab mir das Cello ... weil meines so schwer ist ... auf dem weiten Weg ...« stotterte ich. Es klang nicht sehr forsch.
»Mein Gott, das ist ja unser Cello«, sagte Dr. Beele ein bißchen traurig. »Klingt gut, gel?«
»Ja, ganz toll«, sprudelte es aus mir heraus. Auch Peter bekam wieder Farbe ins Gesicht.
»Ein Altwiener Instrument«, setzte Dr. Beele mit Stolz in der Stimme fort. »Das erkennt man an dem dunklen Lack und der zarten Schnecke. Dürfte hundertfünfzig Jahre alt sein ...«

Mir war vor Erleichterung alles recht. Meinetwegen hätte die Kiste vierhundert Jahre alt sein können. Und auch Peter hatte sich soweit erfangen, daß er schon wieder frech wurde: »Ich hab Sabine einen Dreck um Erlaubnis gefragt. Ich hab mir das mit der Mama selbst ausgemacht. Und Hausfrau ist die Sabine auch einen Dreck!«

»Das ist der Dank, daß ich euch gerettet habe!« Sabine machte beleidigt kehrt und schritt, königlich die Hüften schupfend, hinaus.

»Ist ja gut, streitet nicht«, sagte Dr. Beele gelangweilt. »Ein Streichinstrument wird ja stumpf, wenn man es nicht spielt. – Was musiziert ihr denn da Schönes?« Er beugte sich interessiert über meine Noten. »Ah, das Mailüfterl! Aber der Peter kann ja gar nicht Klavier spielen. Komm, ich begleite dich richtig.« Er saß schon am Flügel.

»Das wird nicht gehen«, stotterte ich. »Ich habe nämlich leider die Noten für die Klavierstimme nicht mit...«

»Mein Vater ist doch selbst Komponist. Der begleitet so etwas auswendig«, prahlte Peter, als hätten wir jetzt keine anderen Sorgen.

Sein Vater lächelte mit der Überlegenheit des Fachmannes; ich lächelte nicht, sondern funkte Peter einen ratlosen Blick zu: Wenn meine Schweinsohren jetzt auffliegen, kann ich nichts dafür...

Peter war schon wieder ganz der alte: »Wir haben das Stück gerade erst einmal ausprobiert. Er spielt es praktisch vom Blatt«, log er, ohne mit der Wimper zu zucken. Dabei hatten wir das Lied in diesen zehn Tagen je vierzigmal geprobt, also insgesamt vierhundertmal. Er wurde nicht einmal rot, als er »vom Blatt« sagte.

Ich hatte bisher noch nie mit einem zweiten Instrument zusammengearbeitet, das andauernd etwas anderes spielte. Dr. Beele kam mir nun ständig mit unerwarteten Noten dazwischen, und zwar mit so furchtbar vielen auf einmal, wie das nur das Klavier fertigbringt. Es war wirklich unglaublich störend; und das nannte sich Begleitung.

Peter stand hinter mir und zählte wie verrückt den Takt in meine Ohren hinein, was wenig half, denn ich hätte ihn ja in den Fingern gebraucht. Wenn ich ganz aus dem Takt draußen war, klopfte er noch zusätzlich sein eins-zwei-drei auf meinen Rücken und deutete mit dem Finger in meinen Noten herum. Zum Glück saß sein Vater mit dem Rücken zu uns, so daß er das alles nicht bemerkte.

Seltsamerweise kam Dr. Beele zugleich mit mir am Ende des »Mailüfterls« an. Peter erklärte mir später unter vier Augen, daß das kein echtes Wunder war, sondern das alleinige Verdienst dieses Genies von einem Vater, das kunstvoll alle meine Taktfehler gleichzeitig in seine Begleitung hineinkomponierte. So spielten wir zwar nicht das Original-Mailüfterl, aber wir blieben beisammen. Genauer gesagt, er blieb bei mir.

»Na also«, sagte Dr. Beele. Er schaffte es tatsächlich, begeistert zu klingen. »Du bist ja ein fabelhafter Blattspieler. Wenn du das jetzt auch noch ein bißchen übst, wird richtige Musik draus werden.«

»Na gut«, sagte ich kaltschnäuzig, »dann werd ich halt jetzt anfangen, das Lied ein bisserl zu üben.« Dabei schaute ich aber woanders hin.

»Das wird verflucht notwendig sein«, sagte Peter, und ich hoffte, daß ich nicht auch so knallrot war wie er.

Ihn hatte das Zusammenspiel anscheinend noch mehr aufgeregt. »Ulli muß das nämlich nächste Woche bei der Aufnahmsprüfung ans Konservatorium spielen.«
»Wirklich?« Dr. Beele schien das äußerst spannend zu finden. »Dann arbeiten wir's gleich noch einmal durch, ja? – Und versuch einmal, im Geist mitzusingen. Denk dir die Worte dazu! Sag dir die Musik wie ein Gedicht auf. Dann bekommt das Ganze mehr Ausdruck.«
»Noch mehr Ausdruck?« höhnte Peter im Hintergrund.
»Jawohl, *noch* mehr«, beharrte sein Vater und spielte mir die Melodie auf dem Klavier vor. Dazu sang er mit leise vibrierender Stimme:

»Wenn 's Mailüfterl weht, zergeht im Wald draußt der Schnee,
Da strecken die klein' Veigerln ihre Kopferln in d' Höh . . .«

»Sehr schön!« rief ich. »Nur leider kann ich überhaupt nicht singen.«
Peter gab mir einen Ermahnungspuffer. Es war ja ausgemacht, daß meine Schweinsohren und alles, was damit zusammenhing, streng geheim bleiben mußten. »Klar kann er singen«, sagte er. »Ulli hat nur momentan Probleme mit dem Stimmbruch«, fügte er diskret hinzu.
Dr. Beele lächelte nachsichtig. Meine Sopranlage konnte ihm ja kaum entgangen sein. »Um so besser, daß er Cello spielen kann. Auf dem Cello singt sich's fast so schön wie mit der menschlichen Stimme. – Also los! Noch einmal das Mailüfterl!«
Als ich dann in Gnaden entlassen war, flüsterte mir Peter an der Haustür zu: »Wir müssen unseren Plan

zwar etwas ändern. Aber es war ein super Tag. Er hat seit acht Monaten zum ersten Mal wieder musiziert. Und es hat ihm Spaß gemacht. Das weiß ich.«

Buchstaben retten einen ertrinkenden Schwimmer

Für die Prüfungskommission werden anscheinend nur überdurchschnittlich intelligente Musiker ausgesucht. Denn der Vorsitzende erfaßte ziemlich schnell, daß ich mit beiden Namen Ulrich heiße. Außerdem schauten alle so betont menschlich drein, damit ich mich nur ja nicht fürchtete.

Ich setzte mich und mein Cello auf das Podium, auf dem außer uns noch ein bemanntes Klavier stand, und schaute mit Künstlerblick in den leeren Vortragssaal. Ohne Publikum wirkten die vielen Sessel ganz beruhigend. Nur die Prüfungskommission in der ersten Reihe wirkte störend und machte mich etwas nervös. Bei der C-Dur-Tonleiter fing meine Bogenhand plötzlich zu zittern an, was meiner Darbietung ein regelrechtes Vibrato verlieh. Nur daß die richtigen Cellisten mit der linken Hand zittern, mit der sie nebenbei auch noch die Saiten niederdrücken. Trotzdem war mir, als zwinkerte Professor Francescatti, der ohne sein T-Shirt ganz fremd wirkte, mir am Ende der Tonleiter zu. Es kann aber auch sein, daß seine Gesichtsmuskulatur nur von einer krampfhaften Nachzuckung infolge meiner Tonleiter befallen worden war.

Beim »Mailüfterl« versuchte ich, Dr. Beeles Rat zu befolgen und sehr ausdrucksvoll zu spielen. Ich dachte an wunderliebe Veilchen, die da draußen im grünen Walde, wo der Schnee gerade so hübsch zerging, ihre violetten Köpfchen in die Höhe streckten, obwohl das eigentlich die Schneeglöckchen im März tun. Nachdem Dr. Beele mich ein paarmal begleitet hatte, ließ mich der Klaviertiger hinter mir völlig kalt. Komi-

scherweise war er sogar eine gewisse Hörstütze, denn ein paar von meinen Tönen kamen doch auch im Klavierpart vor. Es hatte nur eine Weile gedauert, bis ich das herausfand. Ob ich schön spielte, weiß ich nicht, denn es war mir nicht möglich, mir selbst zuzuhören. Die Aufregung beanspruchte mich völlig. Ich stellte mir nur vor, wie es klingen sollte, und das war vermutlich viel schöner.
Als ich geendet hatte, sagte Professor Francescatti lachend: »Na also, bei dem Mailüfterl lauft's einem ja eiskalt über den Rücken.«
Während der Vorsitzende sich sehr bei mir bedankte und mich bat, am nächsten Montag telefonisch anzufragen, ob ich aufgenommen sei, hob Francescatti den Fuß und deutete grinsend auf den Schuh, den es ihm offensichtlich nicht ausgezogen hatte.
Trotzdem fühlte ich mich bis zum nächsten Montag wie im Wartezimmer des Zahnarztes. Ich arbeitete sogar in Mathe mit, um mich geistig abzutöten, obwohl ich bisher noch nie vor Oktober in diesem Fach aufgezeigt hatte. Außerdem kratzte ich ein bißchen auf dem Cello herum, weil die Intrige ja auf alle Fälle weitergehen mußte.
Peter fing inzwischen an, seinen Vater schonend auf den neuen Cellisten vorzubereiten.
Am Montag während der großen Pause stopfte ich mich mit Peter in die Telefonzelle vor der Schule. Das Konservatorium war aber ständig besetzt; immer wieder kam die Münze zurück. »Wahrscheinlich rufen jetzt alle Prüflinge an«, sagte Peter und wählte mit eisernen Nerven wieder und wieder. Als unsere Schulglocke zur dritten Stunde läutete, meldete sich endlich die Telefonistin.

»Bitte die Aufnahmsprüfungsentscheidungsmitteilungsstelle ...« Die Telefonistin lachte schrill auf und verband mich weiter.
»Hallo, hier Sekretariat«, sagte eine andere Frauenstimme.
»Hier Ulrich Ulrich«, sagte ich.
»Du stotterst ja schon vor Aufregung«, erwiderte die Frauenstimme vergnügt. »Warte, ich sag dir's gleich ... Treichmann ... Ubmeier ... Ulrich, da ist er ja! – Du bist in die Klasse von Professor Francescatti aufgenommen. Am Dienstag in einer Woche um drei ist deine erste Stunde. – Klar?«
»Nein, rätselhaft. – Danke. – Wiedersehen.«

Peter war stolz auf mich wie auf einen Rassehund, der bei einer Hundeausstellung prämiiert wurde. Es war klar, daß er mich als sein Werk betrachtete.
»Wenn du mir auch einen Gefallen tun willst«, sagte er, nachdem wir den ersten Freudentaumel überwunden hatten, »dann sag in der Schule niemandem, daß du Schüler des Konservatoriums bist.«
»Warum? Ich schäme mich ja gar nicht dafür«, sagte ich erstaunt.
»Aber ich«, sagte Peter. »Weißt du, es schadet vorläufig noch unserem guten Ruf ... Das Schweinsohr und die Schule für Begabte!«
Ich zuckte gleichgültig die Schultern. Trotzdem giftete ich mich natürlich riesig. Außerdem fand ich meinen Spitznamen zum ersten Mal nicht mehr lustig. Das durfte aber um Gottes willen niemand merken. Nur ein Spitzname, der einen kalt läßt, hat eine Chance, langsam zu versickern. Diese Erfahrung hatte ich schon in der Volksschule gemacht. Dort nannten sie

mich anfangs »Ullilulli«, bis es ihnen zu blöd wurde, weil ich mich nicht genug ärgerte.
Meine Mutter behauptete an diesem Tag unvermittelt, daß sie stolz auf mich sei, und umarmte mich wie auf dem Bahnhof nach vierwöchiger Trennung. Danach machte sie sich hochgradig verdächtig, indem sie mir von einem neuen Kollegen namens Kwasnicka erzählte, der in dieser Erzählung äußerst gut abschnitt. So baut meine Mutter immer einen neuen Onkel auf.
»Unterrichtet er am Ende Geographie?« fragte ich, einer plötzlichen Eingebung folgend.
»Und Turnen!« beeilte sich meine Mutter zu ergänzen. »Der würde dir gefallen, falls wir ihn einmal einladen. Ein riesig sportlicher Typ.«
»Ein Geographielehrer, der ausschaut wie Tarzan in New York – das ist das Letzte!« sagte ich todernst.
»Seit wann hast du denn was gegen Geographielehrer?« fragte sie überrascht.
»Schon immer«, antwortete ich in liebenswürdigem Ton. Und dann startete ich ganz unplanmäßig, aus einem inneren Bedürfnis heraus, den Aufbau meines Gegenkandidaten. »Ich stehe in letzter Zeit mehr auf Künstlertypen.«
Meine Mutter schüttelte ratlos den Kopf. Sie war offensichtlich verstört durch meinen plötzlichen Reifeschub. – Mir war natürlich ganz klar, daß damit der Fachlehrer Kwasnicka noch lange nicht aus dem Felde geschlagen war. Aber ich war auf der Hut. Und als meine Mutter abzuwaschen anfing, rief ich sofort in der Hofburg an.
Ich flüsterte mit doppelter Sprechgeschwindigkeit, da meine Mutter den Heißwasserhahn jederzeit abdrehen

und dann ein Geflüster verstehen konnte, das sonst nur elektronisch meßbar war. Typisch Lehrerin.
»Die Intrige kommt in Zeitnot«, flüsterte ich. »Störfeuer aus dem Konferenzzimmer der Hauptschule.«
»Verstanden«, sagte Peter. »Ich zünde sofort die nächste Raketenstufe. Du denkst inzwischen nach, wie wir unser Cello auf unschädliche Art außer Gefecht setzen können. Tschüs!«
Während ich als Tarnung in meinem Zimmer eine Platte spielte, zermarterte ich mir das Hirn nach einem Vorwand, mein Cello zum Beele-Quartett mitnehmen zu müssen. Ich konnte schwer behaupten, mein Cello klinge besser. Denn das Beelesche Cello klang ja ungleich besser als das billige Küchenkasterl mit Saiten, das ich zu Weihnachten bekommen hatte.
Als ich gerade zu dem Schluß kam, daß wir diesen Fall nicht ohne Gewaltanwendung lösen konnten, meldete Peter bereits den nächsten Zwischensieg: »In einer Woche steigt bei uns ein Klavierquartett. Cello: Ulrich Ulrich. Der Papa war auffallend leicht zu überreden. Ich glaub, er hat selber schon an dich gedacht. Jetzt komponiert er nur schnell was, bei dem das Cello nichts können muß.«
»Spitze«, sagte ich ungekränkt. »Übrigens werden wir euer Cello ein bißchen ruinieren müssen.«
»Meinetwegen; aber so, daß ihm nichts passiert«, antwortete er locker.
»Klar«, sagte ich. Dabei war das eine sogenannte Elferfrage, wie man etwas ruiniert, ohne es kaputtzumachen. Meine Phantasie ging dauernd in Richtung Totalschaden. Sie war nicht auf heikle Instrumente trainiert. Daher wälzte ich mich noch immer schlaflos

herum, als meine Mutter den Fernsehapparat abschaltete.
Ich lief zu ihr hinaus und versuchte, einen unblutigen Ausweg zu finden: »Möchtest du nicht zuhören kommen, Mama, wenn ich bei den Beeles Quartett spiele?« fragte ich lockend.
»Jetzt schon?« sagte meine Mutter entsetzt. »Ich möcht das nicht übereilen. Für dich wird's sicher sehr lustig. Aber für einen musikalischen Zuhörer kann so was die Hölle sein.«
Am nächsten Tag in der Schule legte Peter, der Supermann, bereits die perfekte Lösung auf den Tisch. »Wir machen es wie Max und Moritz mit dem Schneider Böck«, sagte er. »Ritze-ratze, voller Tücke, in die Brücke eine Lücke!«
»In welche Brücke?« fragte ich verwirrt.
»Der Cellosteg ist ja nichts anderes als eine Brücke, über die die Saiten laufen ...«
Am Tag des Quartetts montierten wir also den Steg des Beeleschen Cellos ab. Das schaffte sogar einer mit zwei Linken wie Peter, denn wenn man die vier Saiten lockert, fällt der Steg von selbst um. Statt dessen bauten wir einen krummen, wertlosen Steg, der noch im Futteral lag, auf das Cello und spannten die Saiten drüber. Aber nur ganz locker, denn ich hatte den Steg vorher mit der Laubsäge angesägt.
Weil Kammermusiker laut Dr. Beele prinzipiell pünktliche Menschen sind (unbeweisbar natürlich), startete ich schon um sechs in die Hofburg. »Ich gehe Quartett spielen, Mama«, sagte ich und klopfte an die Schlafzimmertür meiner Mutter. Sie saß im Bademantel vor dem Spiegel und bemalte sich, was mir sehr verdächtig war. Für mich tat sie das sicher nicht.

»Ich gehe auch aus, ins Kino oder so was«, sagte sie mit entstellter Stimme und verzerrtem Gesicht, da sie gerade eine schwierige Kurve auf ihrer Oberlippe nahm.
»Fürs Kino volle Kriegsbemalung?« fragte ich.
»Nimm sicherheitshalber den Schlüssel mit«, wich sie aus. Damit war alles klar: der Kwasnicka hatte zugeschlagen. Ich raste in die Hofburg.
»Gefahr in Verzug: meine Mutter haut uns ab«, flüsterte ich Peter zu, weil Sabine, wie immer, im Vorzimmer lag und möglicherweise das andere Ohr für uns freihielt. Dann stiegen wir nicht über sie drüber, sondern wir übersprangen sie und sprinteten ins Musikzimmer.
Dr. Beele saß an seinem Schreibtisch und komponierte. Sichtlich gestört, aber freundlich stand er auf und sagte: »Servus, Ulrich, herzlich willkommen als unser neuer Cellist!« Dann ging er feierlich auf mich zu und drückte mir die Hand. »Zu deinem Einstand hab ich lauter Variationen über das Mailüfterl komponiert; und dein großes Solo ist genau das Stück, das du so gut studiert hast.«
»Toll, danke!« sagte ich und trat unruhig von einem Fuß auf den anderen, denn meine Mutter konnte jeden Augenblick aus unserer Wohnung entwischen. »Jetzt muß ich aber dringend das Cello stimmen.«
»Und ich muß noch rasch ein paar Takte meines Klavierparts ausfeilen. Punkt halb sieben fangen wir an. Und nachher bist du zum Essen geladen, das ist bei Hausmusikern so üblich«, sagte er wohlwollend und ging zurück zum Schreibtisch, um eifrig weiterzukomponieren.
Um den wackligen Steg nicht umzuwerfen, nahm ich

das Cello wie ein rohes Ei aus dem Futteral. Dann strich ich die A-Saite, die nur ein dumpfes Baßgesurre von sich gab. »O weh, da hat ein Wirbel nachgegeben«, sagte ich bedauernd. »Bitte, Peter, dreh mir die Saite hinauf!«
Peter drehte den Wirbel, die Saite wurde gespannter und gespannter, wir noch mehr. Vor meinem geistigen Auge sah ich Max und Moritz hinter dem Busch hervorschauen, um zu sehen, wie der wütende Schneider Böck auf den angesägten Steg sprang. Krach, die Brücke bricht in Stücke! dachte ich. Aber dieser verdammte Steg hielt; eine unerwünschte technische Panne bahnte sich an. Peter drehte nun die D-Saite hinauf; wieder nicht der ersehnte Knall. Ich Idiot hab den Steg zuwenig angesägt, dachte ich. Da spannte Peter die G-Saite, und das war dem Steg nun endlich zuviel. Krach! In zwei Teilen plumpste er zu Boden.
»Scheiße, der Steg ist hin«, rief Peter entsetzt.
»Nein, so was!« stammelte ich fassungslos.
Vater Beele fuhr aus seiner Komposition in die Höhe wie der Schneider Böck aus seinem Häuschen. »So was gibt's doch kaum!« Er beäugte kopfschüttelnd die zwei Steghälften, die ihm Peter unter die Nase hielt, mit den Daumen die angesägten Stellen verdeckend.
»Wie kommen wir jetzt nur zu deinem Cello?« rätselte Peter. »Wir haben ja kein Auto, und schleppen kannst du den schweren Holzkasten doch nicht . . .«
»Ich habe eine Idee!« rief ich erleuchtet. »Ich bitte meine Mama!« Wir rasten ins Vorzimmer, übersprangen Sabine, und Peter rief verzweifelt: »Notruf! Bitte gib ausnahmsweise das Telefon frei. Wir haben kein Cello.«
Das Familienquartett in Gefahr zu wissen war für Sa-

bine ein Grund, das Gespräch für ihre Begriffe fast blitzartig zu beenden. Und das schönste war, daß meine Mutter sich noch meldete. »Also gut, ich warte auf dich. Aber beeil dich gefälligst!« Sie klang ungnädig, denn einen Kwasnicka läßt man nicht gerne warten.

Ich stellte einen neuen Rekord auf und stand acht Minuten später keuchend vor meiner Mutter. »Warum ist denn der Peter nicht mitgekommen, der Faulpelz?« fragte sie. »Ruf ihn sofort an, daß er wenigstens zum Haustor kommt. Hinauftragen mag ich den Kasten nicht auch noch.«

Das war natürlich voll einkalkuliert. Ich ging folgsam zum Telefon und wählte. »Besetzt!« Das war eine Lüge. Aber für eine Intrige ist kein Opfer zu teuer. Die Leitung blieb so lange besetzt, bis es meiner Mutter zu dumm wurde.

»Meinetwegen trag ich dieses Trumm halt auch noch mit dir hinauf. Aber zu Weihnachten wünscht du dir bitte einen leichten Sack für dein Cello statt lauter Kinkerlitzchen. Mit diesem Holzkasten ist das ja fast wie ein Klaviertransport.«

Als wir endlich vor der Beeleschen Wohnungstür standen, wollte meine Mutter sofort wieder umkehren, worauf ich selbstverständlich vorbereitet war. »Die Beeles werden das aber sehr unhöflich finden, wenn du nicht einmal grüß Gott sagst.«

Mit einem schwereren Geschütz hätte ich nicht auffahren können. »Also gut, dann sag ich halt schnell grüß Gott.«

Laut unserer Intrigenordnung hatte Peter inzwischen seinem Vater, der auch gerne seine Ruhe gehabt hätte, eingeredet, daß er meine Mutter aus Höflichkeit unbedingt hereinbitten müsse, wenn sie schon einmal da sei. Deswegen stürzte er sofort ins Vorzimmer, als wir klingelten.

Und nun stand sich das Brautpaar endlich Aug in Auge gegenüber.

Ich muß zugeben, daß die erste Runde unter unfairen Kampfbedingungen stattfand. Meine Mutter war – höchstwahrscheinlich für den Herrn Fachlehrer Kwasnicka – wirklich toll geschalt*. Peter sagt zwar immer, daß ich nichts von Frauen verstehe. Aber daß sie mit der nagelneuen Nase und dem erst ein Jahr alten Kostüm und den schönen Farben im Gesicht einwandfrei super aussah, so viel verstehe ich schon. Dr. Beele hingegen kam gerade vom Komponieren, weshalb seine Frisur ganz verwüstet und sein Blick etwas irre war. Außerdem war er nicht für ein Rendezvous, sondern für ein Familienquartett mit einem nicht besonders verehrungswürdigen Gast angezogen. Das heißt, er trug seine alte Hausjacke, die ein Mittelding zwischen Schlafrock und Smokingjacke war, dazu seine Schlapfen** und die ewig vernudelte Bürohose.

»Guten Abend, gnädige Frau«, sagte er und küßte meiner Mutter so galant die Hand, daß es gar nicht zu den Schlapfen und der Windstoßfrisur paßte. »Möchten Sie nicht einen Augenblick hereinkommen?«

»Sie dürfen auch ganz lange hereinkommen«, kam Peter meiner Mutter zuvor.

»Allerdings auf Ihre eigene Gefahr, weil wir dann gleich Quartett spielen«, sagte Dr. Beele, und ich stellte fest, daß man meine Mutter überhaupt nicht zu Wort kommen ließ.

* gekleidet
** Pantoffeln

Endlich sagte meine Mutter dann auch etwas: »Sehr liebenswürdig, Herr Oberlandesgerichtsrat, aber ich bin in Eile. Ich wollte Ihnen nur sehr herzlich danken, daß Sie mit Ulli das ›Mailüfterl‹ so nett geübt haben.«
Dr. Beele setzte zu einer bescheidenen Abwehrgeste an, als Peter wie aus der Pistole geschossen sagte: »Der Ulli hätte es mit seiner Musikalität auch ohne uns geschafft.« Es klang wie ein Werbeslogan für Ulrich-Qualität. Nur war diese Lüge so riesenhaft, daß sogar Peter dabei errötete.
»Dann halte ich Sie nicht länger auf«, sagte meine Mutter unruhig, denn der Kwasnicka saß ihr im Nakken. Sie reichte Dr. Beele damenhaft die Hand, die dieser vollendet küßte. Es sah genauso aus wie im Film.
Als meine Mutter draußen war, kämmten Peter und ich sämtliche Falten im Gesicht Dr. Beeles durch, um festzustellen, ob er beeindruckt war. Man merkte aber leider gar nichts. »Also vorwärts, Kinder, stimmt die Instrumente. Wir haben schon eine ganz unbeelesche Verspätung. Aber das war halt *Vis major.* – Was heißt *Vis major,* Peter?«
»Höhere Gewalt«, kam es aus Peter heraus wie aus einer Aufziehpuppe. Jetzt wußte ich, wie der zu seiner Fremdwörtersammlung kam.
Einen Gast muß man ehren, scheint sich Dr. Beele gedacht zu haben, denn er hatte mir eine Cellostimme für Vollidioten komponiert. Dieses primitive Schrumm-Schrumm wirkte wie eine Beleidigung; bis auf das Mailüfterl-Solo, das ich gleich am Anfang spielen durfte, weil ich der Gast war.
»Gib mehr Ton, Ulli!« rief Dr. Beele. »Du bist jetzt der Solist.«

»Okay«, sagte ich und war schon aus dem Takt. Das Quartett brach zusammen.
»Wenn man dreinredet, kommt der musikalischeste Mensch aus dem Takt«, knurrte Peter zu meiner Ehrenrettung.
Wir fingen nochmals von vorne an, und ich drückte den Bogen gegen die Saiten, daß er sich nur so krümmte. Es war das lauteste Mailüfterl meines Lebens, eher ein Maistürmerl. »Gut«, raunte mir Peter zu.
Dann kam die erste Variation, die Dr. Beele als enormes Klaviergetöse komponiert hatte. Er begann plötzlich beängstigend zu stöhnen und zu brummen, und es riß ihn am ganzen Körper, als stünde er unter Strom. Manchmal hob es ihm den Allerwertesten zehn Zentimeter vom Stockerl vor lauter Gefühl. Dann wieder schien er sich ins Klavier verkriechen zu wollen. Ich konnte das alles in Ruhe beobachten, denn ich hatte immer nur ein C zu schrummen, das sowieso keiner hörte. Als alle zu spielen aufhörten, brach ich mein C auch ab. Bis zur zweiten Variation war ich erst einmal nicht sehr aufgefallen.
In der dritten Variation mußte Sabine auf der Geige möglichst viele Noten in möglichst kurzer Zeit abliefern. Es war beeindruckend, wie schnell und überlegen sie das herunterfiedelte. Schön klang es allerdings nicht. Daran war ich aber auch nicht ganz unschuldig, denn wenn ich Pause hatte, stellte ich natürlich auch das lästige Zählen ein, was strengstens verboten ist. »Karl!« rief mir Peter zu, als er bemerkte, daß ich die Pause überzog.
»Wer heißt Karl?« fragte ich verwundert. Da brach das Quartett wieder auseinander.

»Kannst du nicht bis vier zählen?« fragte Sabine mit dem gewissen irren Blick des aus der Arbeit gerissenen Künstlers.
»Schon, aber ich kenne keinen Karl.«
Dr. Beele mußte lachen. »Siehst du die Blockbuchstaben, die von Zeit zu Zeit über den Noten stehen? – Bei K wie Karl hättest du wieder hineinkommen sollen.«
Wir fingen bei »Isidor« nochmals an. Sabine sagte von oben herab: »Und hör mir genau zu, damit du mich nicht noch hetzt mit deinem läppischen Geschrumm.«
»Dir genau zuzuhören ist aber eine Marter!« ätzte Peter zu meiner Verteidigung zurück. Er ließ absolut nichts auf mir sitzen.
»Ist eh Wurst, wie ich spiele, weil mich der Papa mit seiner Lärmmaschine sowieso in Grund und Boden metzelt«, schmollte Sabine.
»Ah so, bin ich zu laut?« tat Vater Beele erstaunt. Man sah ihm aber an, daß er ein schlechtes Gewissen hatte. »Na gut, ich werde leiser spielen. Aber vielleicht könntest du als Gegenleistung ein bisserl hübscher musizieren, Sabinchen, hm?« sagte Dr. Beele. »Ich hoffe, L. V. Bee hat das schöner komponiert.« Er sagte das so freundlich, daß Sabine verständnisvoll nickte und tatsächlich schöner spielte.
»Was heißt L. V. Bee?« fragte ich bei der nächsten Unterbrechung.
»Leider nicht Ludwig van Beethoven«, antwortete Dr. Beele lächelnd. »Es ist die Kurzform meines Namens: Ludwig Victor Beele. Wir beide werden aber nicht allzuoft verwechselt.«
So arbeiteten wir uns mühsam von Variation zu Variation. Alle klangen so ähnlich wie das »Mailüfterl«, nur sollte man das nicht so richtig bemerken. Deshalb ver-

suchte immer ein anderes Instrument, das Thema zu verfremden.
Es wäre eine Lüge zu behaupten, daß ich mit meinem idiotensicheren Part toll über der Situation stand. Ich zählte zwar furchtbar viel, aber anscheinend trotzdem noch zuwenig, denn ich ging den anderen immer wieder verloren. Dann versuchte ich weiter vorne oder weiter hinten hineinzukommen, schließlich weiß man ja nie, ob man voraus oder zurück ist in so einem Tongewurle. Dann schrie Peter »Berta!« oder »Xaver!«, und ich war wieder einmal drinnen, ein Gefühl wie unterm Christbaum: Geborgenheit und Harmonie! Aber kaum genoß ich das richtig, war ich schon wieder draußen, und als die anderen fertig waren, hätte ich noch drei Takte zu spielen gehabt, verzichtete aber großzügig darauf.
»Na also, wir haben ja noch nicht alles verlernt!« sagte Dr. Beele erfreut. »Und unser neuer Cellist ist schon ein guter Schwimmer, da wird er auch bald ein guter Hausmusiker werden. Jetzt das ganze Stück in einem durch. Und vergeßt nicht, daß es Musik ist, was wir da treiben. Die Noten spielen und musizieren sind zwei verschiedene Paar Schuhe.«
Das zweite Mal ging es nicht zweimal, sondern zwanzigmal so gut. Es gab Sekunden, da hörte ich plötzlich etwas, das entfernt wie Musik klang, und freute mich, weil ich ein bisserl dabei mitwirkte. Dann spielte ich vor Begeisterung gleich lauter, und Peter zischte mir zu: »Kusch, Cello!«, weil er gerade das Thema hatte.
Nachher nachtmahlten wir im Eßzimmer. An dem runden Tisch hatten alle ihre fixen Plätze, und ich belegte einfach den erstbesten freien Stuhl. Da fing ich plötzlich wilde, beschwörende Blicke von Sabine auf.

Keine Ahnung, was sie meinte, aber ich wurde unsicher und wollte wieder aufstehen.
Ihr Vater hatte das jedoch bemerkt und sagte: »Bleib ruhig sitzen. Dort ist immer das Cello gesessen. Jeder Platz muß irgendwann einmal neu besetzt werden.«
Das war das erste Fettnäpfchen, in das ich an diesem Abend trat. Und das zweite folgte sogleich.
»Du hast dich wacker gehalten, Ulli«, lobte mich der Komponist L. V. Bee, während ich stapelweise die Wurst von der Platte räumte. »Erst recht, wenn man bedenkt, daß du ja sicher noch nie handgeschriebene Noten gespielt hast.«
»Wann werden Ihre Werke denn gedruckt?« fragte ich, ohne mir etwas Besonderes dabei zu denken. Ich fand es normal, daß Noten einmal gedruckt werden.
Peter bekam einen nervösen Lachkrampf. »Entschuldige, aber der fragt so irr blöd, daß ich mich leider zerfetzen muß«, kicherte er verlegen. Und Sabine wurde knallrot und sagte scharf: »Du bist ganz schön taktlos.«
Jetzt wurde ich ebenfalls rot, weil ich nicht verstand, wieso gedruckte Noten eine Taktlosigkeit sein sollten. Als ich ratlos auf Dr. Beele blickte, sah ich, daß auch er ganz rot unter seinem Bart war. »Meine Kompositionen haben leider keinen Verlag gefunden, weißt du«, sagte er traurig. »Das ist einer der Unterschiede zwischen L. v. Beethoven und L. V. Bee.«
»Aber wenn etwas so schön ist, muß es doch für alle zu bekommen sein«, sagte ich verständnislos. »Und es ist doch schön.«
L. V. Bee zuckte die Schultern. »Es gibt eben zu viele Werke von berühmten Komponisten. Ich hab auch lange gebraucht, bis ich die Hoffnung aufgegeben habe, ein richtiger, gedruckter Komponist zu sein.«

Nun sprach eine Weile niemand, und mir dämmerte, daß ich treffsicher auf das empfindliche Hühnerauge Dr. Beeles getrampelt war. Es war logisch: weil seine Werke nicht gedruckt wurden, spielte sie niemand. Und weil sie niemand spielte, wurden sie nicht gedruckt.

Langsam wurde es aber doch wieder gemütlich, und um halb zehn Uhr rief meine Mutter an, daß ich in zehn Minuten beim Haustor sein sollte. Als Peter mit mir das Cello hinuntertrug, sagte er: »Du warst echt Spitze.«

»Wirklich?« rief ich erfreut. »Dann hab ich also doch halbwegs gespielt?«

»Das weniger«, sagte er staubtrocken, »aber daß du dich zufällig auf Mamas Sessel gesetzt hast, das war eine Glanzleistung. Dieser leere Platz hat uns allen den Nerv gezogen. Jetzt wird er nie mehr leer stehen. Solange deine Mutter noch nicht da ist, soll halt Sabine draufsitzen.«

Ein günstiger Schicksalsschlag

Am kommenden Tag fand die fällige Intrigenkonferenz mit Peter Beele in der Zeichenstunde statt, weil das eines der wenigen Fächer ist, wo man sich halbwegs ungezwungen unterhalten kann. Es war für mich zwar keine Frage, daß meine Mutter gut abgeschnitten hatte, aber dennoch fragte ich, was Peters Vater über sie geäußert habe.

»Nicht viel«, sagte Peter verlegen. »Aber wir werden eine Kleinigkeit an deiner Mutter ändern müssen.«

»Ändern? Meine Mutter willst du ändern wie einen altmodischen Mantel?« schrie ich Peter in äußerster Zeichensaallautstärke an, denn ich fand das empörend. »Hat sie deinem Herrn Papa vielleicht nicht gefallen? – Na, der hat's notwendig! Dann sag ich dir gleich, daß meine Mutter ihn vergammelt gefunden hat.«

Peter bewahrte wieder einmal die große beelesche Ruhe und nickte weise, so daß ich noch wütender wurde. »Das hab ich erwartet. Es stimmt ja leider. Erstens ist es ihm zu mühsam, dauernd Anzüge und Krawatten herein- und herauszuhängen; drum zieht er immer dasselbe an. Zweitens kümmert sich kein Mensch um seine Kleider. Unsere Bedienerin hat keine Zeit, weil wir sie uns nur einmal pro Woche leisten können. Und da beschränkt sie sich darauf, alle herumliegenden Gegenstände so zu verräumen, daß man sie nie mehr findet. – Wahrscheinlich ist das ihre Taktik: was man nicht mehr findet, kann man auch nicht mehr herumliegen lassen.«

Diese Erklärung leuchtete mir ein. »Also meinetwegen: was hat er denn an meiner Mutter beanstandet?«

Peter seufzte. »Ich hab's ihm förmlich aus der Nase

ziehen müssen ... so von Mann zu Mann, verstehst du. ›Also *ich* finde, unter uns gesagt, Ullis Mutter ziemlich super‹, sag ich so nebenbei. Und er darauf: ›Bestimmt ist sie das. Für meinen Geschmack halt ein bisserl sehr aufgetakelt. Aber das sind natürlich nur Äußerlichkeiten.‹«

»Aufgetakelt nennt er das«, ereiferte ich mich. »Wie soll sie sich denn herrichten? Schließlich ist sie keine Frau, sondern eine Dame!« Das war ein bißchen geblufft, weil mir der Unterschied zwischen Frau und Dame nie wirklich klargeworden war.

Peter wiegte den Kopf hin und her und betrachtete verliebt die eigenwillige Weinlese, die er gerade zeichnete. »Das ist schon möglich. Trotzdem müssen wir für das nächste Treffen meinen Vater etwas mehr als Playboy und deine Mutter ein bisserl als Hausmütterchen kostümieren, damit die zwei zusammenpassen.«

»Okay«, sagte ich großmütig, so als wäre es die leichteste Sache von der Welt, zu bestimmen, was unsere Eltern anzogen. »Wichtig ist vor allem, daß dieses Treffen bald steigt. Und zwar ohne den Trick mit dem Cello. Der zieht nur einmal.«

»Logo«, sagte Peter, »wir müssen sie offiziell einladen. Drum wird jetzt wie irr Quartett gespielt. Mein Papa läßt nur Zuhörer zu, wenn wir konzertreif sind.« Peter sah mich prüfend an und fragte: »Hat's dir eigentlich Spaß gemacht?«

»Es geht«, sagte ich. »Leider war mein Part halt stinkfad.«

»Dann üb halt mehr! Mein Papa kann dir schon was Lustiges hineinkomponieren, daß dir die Finger krachen ...«

Am Nachmittag fand dann die erste Cellostunde bei Professor Francescatti statt. Ich hatte ein kleines Vortragsstück von Bach vorbereitet, um Eindruck zu machen, und legte die Noten auf das Pult. »Soll ich Ihnen das vorspielen?« fragte ich.
»Keinesfalls!« rief er erschrocken und stellte mir gegenüber einen Spiegel auf. »Zuerst vergiß einmal, daß du jemals Cello gespielt hast, und leg den Zeigefinger irgendwohin aufs Griffbrett. Und mit dem Bogen streichst du pausenlos die D-Saite.«
Damit begann die Marter des Umlernens auf die Methode Francescatti. Er befahl mir, genau in den Spiegel zu schauen. »Was du da siehst, ist ein Cellist, der dir haargenau vormacht, wie man auf gar keinen Fall Cello spielen darf. Die Schultern, die Arme, die Beine, die Handgelenke, die Bogenhand, die Greifhand, der Kopf und die Lage des Cellos müssen anders werden. Alles übrige kann bleiben.«
»Was ist alles übrige?« fragte ich niedergeschlagen, weil mir nur noch Körperteile einfielen, die mit dem Cellospiel überhaupt nichts zu tun haben.
Er dachte nach. »Dein Mund ist in Ordnung. Manche Schüler schneiden auch noch Grimassen, daß einem angst und bang wird.« Er ging nun gewaltsam auf mich los und bog jeden Körperteil in die richtige Lage, als wäre ich aus Draht. Als er von mir abließ, saß ich wie ein Verrenkungskünstler da.
»Das ist die natürliche Grundhaltung des Cellisten«, sagte er stolz.
»Ich bekomme gleich einen Krampf, Herr Professor«, sagte ich schmerzverzerrt.
»Wo?« fragte er ungläubig.
»Überall!«

»Das mußt du dir einbilden, Ulrich, denn du sitzt jetzt völlig entspannt da.«
Ich versuchte krampfhaft, etwas Lockerheit in diese Haltung hineinzubringen, und machte dann eine Stunde lang die Kunststücke, die Francescatti als »Übung der Grundstellung« bezeichnete. Vom Cellospielen war ich so weit entfernt wie noch nie. In mein Aufgabenheft schrieb er nur: »In den Spiegel schauen!« Und als er mir zum Abschied die Hand gab, lachte er. »Keine Sorge. Den momentanen Rückschlag holen wir später rasant wieder auf. – Weiß übrigens deine Mutter schon von ihrem bevorstehenden Eheglück?«
»Noch nicht richtig«, sagte ich besorgt. »Aber sie hat ihren Mann wenigstens schon einmal gesehen.«
»Immerhin kein unwesentlicher Schritt. Der Rest ist ja dann nur noch eine Kleinigkeit. – Also halte mich auf dem laufenden, ja? – Oder glaubst du, ich habe dich mir aufgehalst, um als Lehrer eines berühmten Cellisten in die Musikgeschichte einzugehen?«
Da wir natürlich wissen mußten, wie meiner Mutter der athletische Geographielehrer gefallen hatte, versuchte ich, ihr das beim Abendessen herauszulocken. Es kam mir ein wenig verdächtig vor, daß sie mich schon um halb zehn abgeholt hatte. »Wie war's denn gestern mit dem Kwasnicka?«
Meine Mutter wurde etwas verlegen. »Wieso weißt du überhaupt . . .?«
»Weil ich den Kwasnicka im Gefühl habe«, antwortete ich und schaute sie durchdringend an.
»Es war ganz nett«, sagte sie, aber so, daß das Wesentliche ungesagt blieb.
»Na, Gott sei Dank«, heuchelte ich Erleichterung. »Ich

hab schon gefürchtet, dir war fad; weil du so früh mit ihm fertig warst.«
»Nein, nein – im Gegenteil!« Sie zögerte, erkannte aber an meinem Blick, daß es kein Herumschwindeln gab. »Er wollte mich nur nach dem Kino zum Essen einladen – in seine Wohnung, weißt du. Ich wäre aber lieber ins Gasthaus gegangen. Und das hat ihn halt ein bisserl gekränkt.« Ich nickte befriedigt. Sie haben sich also gleich gestritten, dachte ich. Meine Mutter wollte mir aber die Freude nicht lassen und fügte hinzu: »Wir können ihn ja nächste Woche einmal einladen, damit du ihn kennenlernst.«
»Hoffentlich hab ich Zeit«, sagte ich in leicht gestreßtem Ton. »Ich werde in nächster Zeit sehr viel mit unserem Quartett zu tun haben.«
Meine Mutter wurde nun doch etwas gereizt. »Na, vielleicht kannst du's irgendwie einrichten, dich einen Abend für mich verfügbar zu halten«, sagte sie spitz. »Und außerdem erwartest du hoffentlich nicht, daß ich ständig den Taxichauffeur und Möbelpacker für dich spiele, weil das dortige Cello ein Sakralgegenstand ist.«
Ich nickte zustimmend. »Peter wird versuchen, wieder einen normalen Gebrauchsgegenstand draus zu machen. Ich hab nämlich keine Lust, mir zu Weihnachten so einen blöden Cellosack zu wünschen. Ich hasse nützliche Geschenke.« Und dann sah ich den Moment gekommen, um meinen Kandidaten wieder ein bißchen aufzubauen. »Der Vater von Peter ist übrigens ein super Typ, wenn man ihn näher kennt . . .«
»Fein, daß ihr euch so gut versteht«, sagte sie gleichmütig. »Das ist ganz wichtig beim Musizieren.«
Als ich nun meine Mutter bat, mir zum Celloüben den Spiegel von ihrem Toilettetisch zu leihen, weil ich als

Hausaufgabe ständig hineinschauen müsse, schüttelte sie nur den Kopf, wie immer, wenn sie glaubt, daß ich eine Frechheit gesagt habe. Als ich dann aber den Spiegel wirklich holte, merkte sie, daß es ernst gemeint war. »Hoffentlich ist dieser Professor Francescatti nicht ein aus Steinhof* entsprungener Wahnsinniger. Schon allein, daß er dich in seine Klasse aufgenommen hat, weist ja darauf hin.«
Ich konstruierte aus zwei Sesseln ein Gerüst, in das ich Mutters Spiegel so einbaute, daß ich meine ganze Cellistenfigur darin betrachten und gleichzeitig das Cello bedienen konnte. Nur weil ich Professor Francescatti so nett fand, machte ich diese ganze Prozedur von Grundhaltungsübungen durch. Daß man in so einer Verrenkung richtig spielen konnte, erschien mir zweifelhaft, und je länger ich mir im Spiegel zuschaute, desto idiotischer kam ich mir vor.
Als ich zwanzig Minuten immer dasselbe E gestrichen hatte, drehte meine Mutter schließlich durch und stürmte ins Zimmer. »Bist du übergeschnappt?« rief sie. »Den einen Ton mußt du doch schon endlich können. Jetzt üb gefälligst den nächsten!«
Ich blieb ganz gelassen. »Wenn dir das F besser gefällt, spiele ich eben die zweite Halbzeit F«, sagte ich, wechselte den Finger und blickte unbeirrt in den Spiegel.

Peter gelang es in diesen Tagen endlich, seinem Vater klarzumachen, daß Hausmusik nicht als Freizeitvergnügen, sondern als Üben zu berechnen sei. Somit durfte er die Quartettstunden von den Schulden abziehen, die er bei seinem Vater hatte. Zu den noch immer

* Irrenanstalt von Wien

nicht abgearbeiteten zehn Stunden vom Geburtstag waren nämlich noch sieben als Namenstagsgeschenk dazugekommen sowie zehn weitere anstelle eines Hausarrestes, den Peter wegen einer schulischen Straftat bekommen hatte. (Er hatte dem Herrn Bundespräsidenten einen Andreas-Hofer-Bart gemalt und zu diesem Zweck das Foto im Klassenzimmer aus dem Rahmen genommen. Als er danach den Herrn Bundespräsidenten samt Bart wieder sorgfältig einrahmte, stand plötzlich die Gangaufsicht hinter ihm und schaute ihm bewundernd dabei zu. Vater Beele mußte in die Sprechstunde des Klassenvorstands kommen, und das kostet Peter prinzipiell einen Hausarrest. Denn Dr. Beele sagt, nur zum Plauschen geht er dort nicht hin.)
Jedenfalls wurde aus diesem Grund jetzt sehr viel Familienquartett gespielt, und Sabine regte sich auf, weil für sie ein Vergnügen sein mußte, was ihrem Bruder als Geschenk- und Strafersatz angerechnet wurde. »Ich verstehe dich ja«, sagte Dr. Beele einsichtsvoll. »Schenk mir halt Extra-Übstunden zu Weihnachten. Es macht mir sowieso nichts soviel Freude, wie wenn ihr fleißig musiziert.«
Peter und ich fanden endlich auch den Patenttrick, um das Beele-Cello ohne Reparaturkosten heil erstehen zu lassen. Wir montierten einfach den ursprünglichen Steg wieder drauf, und bei nächster Gelegenheit sagte Peter mit scheinheiliger Miene zu seinem Vater: »Ich hab halt vorläufig den verbogenen Steg wieder eingesetzt. Für die Mama war er zu krumm. Aber für Ulrich tut er's noch lange.«
Sein Vater war gerührt. »Das ist brav, Peterle! Du weißt ja, daß wir jetzt viel mehr sparen müssen. Ein Staatsbeamter ist kein Krösus. – Wer war Krösus?«

»Ein sagenhaft reicher König der Antike«, spulte Peter sein Strebertonband ab. Ich sah schon kommen, daß ich auch bald in diesen erbarmungslosen Bildungsdrill einbezogen werden würde.
Als sein Vater sich dann die Hände waschen ging, weil er niemals mit schmutzigen Fingern an sein geheiligtes Klavier herangeht, fragte ich Peter: »Seid ihr denn jetzt auch knapp bei Kasse?«
Er seufzte und nickte. »Logo. Meine Mama hat als Freiberuflerin schön dazuverdient. Und jetzt leben wir halt von Papas Richtergehalt allein.«
»Das ist super!« rief ich begeistert.
»Was ist daran super, daß wir weniger Geld haben?« brummte Peter.
»Es paßt doch prima in unsere Intrige. Wenn wir bei euch einziehen, wird's nicht nur den Ulrichs bessergehen, sondern auch den Beeles.«
Peter nickte tiefsinnig. »Genaugenommen ist es ein Wahnsinn, daß wir noch immer für beide Wohnungen Miete zahlen! – Also vorwärts! Stimm schon endlich dein Cello! Wir können es uns nicht leisten, die Hochzeit länger hinauszuschieben.«
Daß wir jetzt unter dem Druck unserer Heiratspläne noch öfter Quartett spielten, hatte zwar den Vorteil, daß ich unweigerlich taktfester wurde. Es hatte aber den Nachteil, daß ich dabei den Überblick über das Liebesleben meiner Mutter verlor. Ich wußte zum Beispiel nicht mehr, ob der Kwasnicka noch hinter ihr her war oder ob er schon das Handtuch geworfen hatte.
Meine Mutter hat zwar schon etwas übrig für tolle Typen, aber nicht, wenn sie sich selber toll finden. Sie ärgert sich, wenn manche damit angeben, daß jede Frau angeblich gleich begeistert zu ihnen in die Wohnung

mitgeht, was in den meisten Fällen auch gar nicht wahr ist. Einen Mann muß man erst einmal ordentlich zappeln lassen, sagt meine Mutter, und wer nicht gerne zappelt, soll mir den Buckel herunterrutschen.
Wie stand es aber jetzt mit dem Kwasnicka? Zappelte er noch, oder rutschte er schon? Das war hier die Frage.
Klarheit bekam ich eine Woche später, als ich von der Schule heimkam. Da sagte meine Mutter ganz aufgekratzt: »Bitte geh heute einmal nicht Quartett spielen, Ulli. Wir bekommen Besuch, und ich will unbedingt, daß du da bist.«
»Der Kwasnicka?« fragte ich erschrocken.
»Jawohl, der Herr Fachlehrer Kwasnicka!« sagte sie und wirkte so lehrerinnenhaft wie sonst zum Glück selten.
Ich schwieg eine Weile und schaute an meiner ebenfalls stummen Mutter vorbei. Dann holte ich tief Luft und fragte sie: »Liebst du ihn eigentlich?«
Sie wurde komischerweise gar nicht verlegen. Lehrerinnen sind ja unheimlich hart im Nehmen. »Du fragst recht direkt, Ulli. Aber ich sehe schon ein, daß dir das wichtig ist, weil du mich ja auch lieb hast, oder?« Ich nickte nur und ließ sie weiterreden. Da packte sie mich zärtlich beim Schopf und führte mich aus der Küche, wo wir gerade abgewaschen hatten, ins Wohnzimmer. »Das läßt sich nicht so leicht beantworten, weißt du. Richtig lieben, so, wie ich den Papa einmal geliebt habe, werd ich ihn natürlich noch lange nicht. So eine richtige, große Liebe ist nämlich etwas sehr Seltenes, wenn man einmal ganz erwachsen ist.«
»Logo«, sagte ich sachverständig. »Hauptsache, du findest ihn nett.«

Sie wurde nachdenklich. »Nicht einmal das weiß ich noch genau. Drum möchte ich ihn ja zu uns einladen. Bin gespannt, was du zu ihm sagst.«
Das war jetzt eine verteufelt kniffelige Sache. Ausgerechnet ich sollte den Feind unserer Intrige beurteilen? Ich hatte richtig Angst, dieser Kwasnicka könnte mir am Ende wirklich gefallen. Und wenn ich ihn dann meiner Mutter mies mache, und sie wird mit Dr. Beele nicht glücklich . . .? Oder wenn gar nichts draus werden sollte? Dann bin ich womöglich schuld, wenn sie einsam ist. Wenn ich den Kwasnicka aber fördere, dann begehe ich Hochverrat . . . Jedenfalls erzählte ich Peter nicht, daß der Besuch, der mich am Quartettspielen hinderte, Kwasnicka hieß.
Meine Mutter deckte den Tisch auffallend hübsch für uns drei. Ferner werkte sie auffallend lange in der Küche herum, mindestens viermal so lange, wie wenn sie für mich allein kocht. Noch zweimal mußte ich um auffallend unwichtige Dinge ins Geschäft hinunterlaufen: Radieschen zum Aufputz für den Salat und drei rosa Kerzen für den Tisch, weil ihr die gelben plötzlich nicht mehr gefielen. Und dann brauchte sie auffallend lange, um sich schön zu machen. (Schön nach ihrem Geschmack, nicht nach dem von Dr. Beele.)
Als sie fertig war, zeigte sie sich, indem sie sich um die eigene Achse drehte, damit ich sie von allen Seiten bewundern konnte. Natürlich mußte ich sie, ihre neue Nase und ihr Kleid toll finden. »Hast du je eine schönere Frau gesehen?« fragte sie mich im Spaß. »Nein, noch nie!« sagte ich wie immer. Das war so ein abgekartetes Frage- und Antwortspiel zwischen uns.
Weil meine Mutter immer hungrig wird, wenn sie aufgeregt ist, kam in diesem Moment der Heißhunger wie

ein Anfall über sie. »Jetzt muß ich auf der Stelle was essen«, rief sie, stürzte in die Küche und hatte schon ein Salzstangerl* in der Hand. »Magst du auch abbeißen?« fragte sie lustig und biß mit Genuß hinein. Kracks machte es, und das eine der zwei reschen** Enden war ab. Ihr linker oberer Schneidezahn ebenfalls . . .

Ich bemerkte es sofort und starrte sie erschrocken an. »Was schaust du denn so entsetzt?« fragte sie vergnügt.

»Mach dir nichts draus, Mama! Er war sowieso schon abgetötet und ein bißchen dunkel«, stotterte ich.

»Wer denn?« fragte sie, noch immer ahnungslos. Dann biß sie aber auf etwas, was härter war als ein gewöhnlicher Salzstangenzipfel. Der Rest war Routine: sie spuckte den Zahn aus, hielt ihn wie eine Bombe, die jeden Moment explodieren kann, von sich weg, raste zum Spiegel, bleckte die Zahnlücke und stieß einen schrillen Schrei aus.

Ich gebe zu, daß eine Zahnlücke ganz vorne, oben in der Mitte, keine Verzierung ist. Aber was so eine kleine Lücke für eine Frau bedeutet, das konnte mein Männergehirn nicht voll nachempfinden. Die ganze Welt war für meine Mutter nur noch Schmerz und Elend. Sie bekam einen Weinkrampf und sank auf das Sofa. »Was mach ich denn jetzt?« schluchzte sie.

Als sie »jetzt« sagte, hörte ich, daß sie zuzelte***. Hoffentlich bemerkt sie das wenigstens nicht, dachte ich. »Du läßt dir eine Krone machen und bist schöner als vorher«, sagte ich ihr ins Ohr und legte meinen Arm

* Gebäck
** knusprigen
*** lispelte

um ihren Nacken. Heulende Frauen machen mich ganz fertig.
»Aber jetzt?« rief sie. »In einer halben Stunde kommt mein Besuch. Den kann ich doch so nicht empfangen!«
»Warum nicht? Wesentlich ist, daß das Essen gut ist«, sagte ich.
Meine Mutter sprang auf und suchte ihre Handtasche. Ich rannte hinter ihr drein. »Das ist keineswegs das Wesentliche!« kreischte sie. In diesem Satz gab es nun gleich sechs gezuzelte S, so daß sie endlich auch auf ihren Sprachfehler aufmerksam wurde. »Hörst du denn nicht, daß ich zuzle?«
»Logo«, sagte ich. »Aber nur beim S.«
Sie kramte ihr Adreßbuch heraus und zeigte auf die Nummer des Herrn Kwasnicka Humbert. »Vielleicht ist er noch daheim. Bitte ruf an und sag ihm ab. Erzähl ihm, daß ich krank bin, oder was dir gerade einfällt. Nur schnell!«
Ich wählte die Nummer und sagte: »Solltest du nicht selbst . . .«
»Ich zuzle doch!« zuzelte sie hysterisch. Da meldete sich eine Männerstimme: »Kwasnicka . . .?«
»Guten Abend, Herr Fachlehrer, hier Ulrich Ulrich. Entschuldigen Sie, aber meine Mama läßt sich entschuldigen. Sie ist gerade schwer krank geworden und kann leider keinen Besuch empfangen.«
»So plötzlich?« Ich schwieg. »Und so ernstlich, daß sie sich gar nicht zum Telefon schleppen kann?« Ich nickte, was er kaum bemerkt haben dürfte. »Schade«, sagte Kwasnicka kühl, »ich habe Blumen gekauft. Na, es wird sich schon eine Verwendung dafür finden. Sag deiner Mutter, daß ich als Lehrer originellere Ausreden gewohnt bin. – Baldige Besserung!«

Meine Mutter hatte ihr Ohr an den Hörer gepreßt, so daß ich ihr die Botschaft nicht ausrichten mußte. Sie schnaubte, daß die Luft durch ihre Zahnlücke zischte. »Wird sich schon eine Verwendung finden! Grad, daß er nicht gesagt hat, er hat an jedem Finger zehn, dieser Angeber!«
»Sehr originell war die Ausrede ja wirklich nicht«, warf ich ein. Weiß der Teufel, warum ich unseren Gegner verteidigte. Vielleicht, weil ich das Gefühl hatte, daß er nicht mehr sehr gefährlich war.
»Trotzdem hat er unverschämt reagiert«, sagte meine Mutter. »Auch wenn er die Erkrankung nicht glaubt, kann er sich vorstellen, daß mir etwas Schwerwiegendes dazwischengekommen ist, und hat besorgt zu sein!«
»Aber was geschieht jetzt mit dem guten Essen?« fragte ich.
»Das ist anscheinend deine Hauptsorge, was?« Sie mußte lachen, wobei sie sich die Hand vor den Mund hielt, um mir den Anblick ihrer Zahnlücke zu ersparen. »Das verputzen wir jetzt zu zweit. Der Kwasnicka ist so viel Mühe sowieso nicht wert.«
Es wurde noch ein sehr gelungener Abend. Ich speiste im Blazer bei Kerzenschein an der edel gedeckten Tafel mit meiner zwar zahnluckigen, aber sonst wunderschönen Mutter ein erlesenes Menü: als Vorspeise Scampi auf Muscheln serviert, dann Bœuf Stroganoff mit Topfenkroketten* und als Nachtisch Vanilleeis mit heißer Himbeersauce. Daß ich für zwei essen mußte, störte mich wenig. Dabei fand ich zwischendurch auffallend viel Zeit, von der Familie Beele und ihrem charmanten Oberhaupt zu erzählen.

* Topfen = Quark

»Ich komme mit dem Komponieren nicht mehr nach, Kinder«, sagte Dr. Beele eines Abends. »Wenn wir jetzt so oft musizieren, müssen wir auf meine früheren Werke zurückgreifen.

Ich hatte den Verdacht, daß ihm keine idiotensicheren Celloparts mehr für mich einfielen. Jedenfalls gab er mir am Abend nach der Zahnkatastrophe meiner Mutter Noten mit, die ein bißchen aussahen wie eine Cellostimme für richtige Cellisten.

»Unser Lieblingsquartett!« jubelte Peter, und auch Sabine war ganz begeistert, daß wir dieses Stück spielen würden.

Ich übte meinen Part zwei Tage und fand dann, daß ich ihn konzertreif beherrschte, als ich zur nächsten Quartettprobe ging. Das erwies sich leider als Irrtum, vor allem, da die Beeles das Stück mindestens dreimal so schnell spielten. Da blieb ich mit meinem Tempo sofort auf der Strecke.

»Das ist ein Allegro, kein Largo«, sagte der Komponist heiter. »Also nochmals von vorne!«

Mir verging die Heiterkeit sehr bald. Ich war schon öfter geschwommen. Aber so noch nie. Nach ein paar Takten hatte ich keine Ahnung mehr, was ich spielen sollte, und wann immer ich mit dem Bogen die Saiten berührte, klang es falsch.

Als wir sechsmal von vorne angefangen hatten, legte Sabine den Bogen nieder und sagte: »Das ist ihm zu schwer. Mir reicht's.«

Peter trat sofort als mein Verteidiger auf und sagte verärgert: »Er spielt es eben zum ersten Mal, du blöde Gans!«

»Trotzdem habe ich keine Lust, so herumzustümpern«, sagte Sabine, staubte ihre Geige ab und streckte die Nase in die Höhe. »Außerdem möchte ich jetzt in die Diskothek gehen.«
Dieser Satz übte eine alarmierende Wirkung auf ihren Vater aus. »Wohin?« rief er entsetzt. »Mir scheint, du bist übergeschnappt! Solche Sachen führen wir uns gar nicht ein.«
»Wieso nicht?« schnabelte sie zurück. »Ein paar aus unserer Klasse treffen sich dort. Einmal möchte ich auch anfangen zu leben.«
»Lächerlich! Du kannst doch gar nicht tanzen«, sagte ihr Vater.
»Und wie!« kreischte Sabine. »Ich war doch schon fünfmal in der Tanzschule.«
»Einen Dreck kannst du«, sagte Peter. »Spiel weiter und gib Ruhe!«
»Ich kann das unmöglich erlauben«, sagte Vater Beele nun energisch. »Siebzehn ist nach meiner Ansicht kein Alter für Diskotheken.«
»Nach *deiner* Ansicht!« schnaubte Sabine. »In Wirklichkeit ist siebzehn das Idealalter für Diskotheken. Und wenn Mama noch da wäre, gäb' es auch gar keine Diskussion darüber.«
»Laß die Mama aus dem Spiel, du gemeine Ziege!« brüllte Peter fast heulend, weil er sah, daß sein Vater durch diese Bemerkung ganz ratlos wurde und traurig zu Boden blickte.
»Es ist aber wahr!« Sabine begann nun ebenfalls zu weinen. »Der Papa hat ja keine Ahnung!«
Dr. Beele nickte mehrmals gedankenvoll, und für eine Weile sprach niemand. Dann sagte er: »Du wirst schon recht haben, Sabinchen. Die Mama hat halt genau ge-

wußt, was ein Kind wann darf. Ich hab mich immer nur darum gekümmert, wann wir welche Stücke spielen.« Er dachte fieberhaft nach. »Bei wem könnte ich mich denn erkundigen, wann eine Tochter diskothekenmündig ist?«

»Erkundige dich bei mir«, sagte Sabine und wischte sich eine Träne weg. »Ich bin doch kein Kind mehr.«

»So, so«, brummte ihr Vater und schaute sie sinnend an. »Na, wenn du kein Kind mehr bist, dann geh halt in Gottes Namen – weil morgen Sonntag ist. Aber um elf bist du spätestens daheim, sonst mache ich die Abgängigkeitsanzeige!«

Sabine umarmte ihren Vater stürmisch. »Du bist halt der fortschrittlichste Papa von allen. Die anderen Mädchen müssen nämlich schon um halb elf daheim sein!« Und war schon draußen, bevor ihr Vater sich den anderen Eltern angleichen konnte.

Peter war zutiefst unzufrieden. »Wir hätten ja ein leichteres Quartett spielen können. So werden wir nie konzertreif.«

Sein Vater schüttelte betrübt den Kopf. »Hätte ich sie nicht fortgelassen, hätte sie's womöglich aufs Musizieren geschoben und einen Widerwillen dagegen entwikkelt. – Ich schlage vor, du übst heute einmal allein deine Etüden, mein lieber Peter . . .«

»Scheißetüden!« knurrte Peter.

»Man kann leider nicht immer nur zum Vergnügen spielen«, sagte Dr. Beele. »Und damit du mir nicht vorwirfst, daß *ich* nur zum Vergnügen spiele, werde ich jetzt dieses Quartett mit unserem Herrn Cellisten durcharbeiten. Was hältst du davon, Ulrich?«

Peter zog sich mit seiner Geige und dem Etüdenalbum grollend in sein Zimmer zurück, wo wir ihn gedämpft fiedeln hörten, sooft wir unser Quartett-Duo unterbrachen. So ein Quartett zu zweit ist kein Honiglekken. Schlagartig war Schluß mit dem gewohnten Schwindeln und Schwimmen. Jeden Ton wollte Dr. Beele hören, und zwar in der richtigen Höhe. Jetzt ist alles aus, dachte ich schwitzend. Jetzt kommt er dahinter, daß ich ein Schweinsohr bin, und heiratet uns nie ...

Zwei Stunden rackerte er sich mit mir ab, wobei sich zeigte, daß so ein österreichischer Beamter Nerven aus Stahl hat. Dr. Beele blieb ganz ruhig und grundlos freundlich und wurde nicht um ein einziges Phon lauter, wenn er zum achtenmal bei derselben Passage »Also noch einmal« sagte. Er kam mir vor wie eine Art Klavierheiliger, unter dessen Schutz die Kinder nach Herzenslust patzen dürfen.

»Das Stück ist noch ein bißchen schwer für dich«, sagte er. »Aber du wirst große Fortschritte dabei machen. Mir imponiert, wieviel Mühe du dir gibst. Wenn wir es morgen noch einmal zu zweit durcharbeiten, wird mein gnädiges Fräulein Tochter sich hoffentlich herbeilassen, es nochmals mit uns zu versuchen.«

Was blieb mir andres übrig, als dankbar zu nicken. Also morgen noch einmal dieselbe Marter, dachte ich. Laut sagte ich: »Ist Sabine eigentlich ein echtes Wunderkind? Sie spielt unglaublich gut ...« Ich meinte es ehrlich. Für meine Begriffe war es unfaßbar, so viel auf der Geige zu können.

Dr. Beele lachte. »Wunderkind ist sie, weiß Gott, keines. Aber sie ist überdurchschnittlich begabt und zum Unterschied von Peter auch noch fleißig. Peter ist vielleicht sogar noch begabter, wird aber vermutlich nie so weit kommen. Zwei Drittel alles dessen, was man in

der Kunst erreicht, beruht auf Fleiß, ein Drittel auf Talent.«
Klar, daß das wieder einmal eine völlig unbeweisbare Erwachsenenbehauptung war. Aber ich war noch nicht intim genug mit Dr. Beele, um ihn in Grund und Boden zu diskutieren.

Die Intrige wurde in diesen Wochen zum echten Streß. Leider konnte ich mich nicht darauf ausreden, daß das Cellospielen für mich nur ein Hobby sei und als solches keinesfalls in Arbeit ausarten dürfe. Die Eheschließung der eigenen Mutter ist schließlich kein Freizeitspaß. Außerdem war ich von drei selbstlosen Förderern umzingelt: Peter, Dr. Beele und Professor Francescatti hatten gewissermaßen ein Recht auf meinen Fleiß als Gegenleistung. Es war zum Verzweifeln. Ich übte die Beele-Quartette und die Etüden und alles, was meine Förderer verlangten, nur um keinen zu enttäuschen.
Vor allem der Professor gewöhnte sich an, mir unverschämt viel aufzugeben. Überhaupt war er strenger, als man es ihm zugetraut hätte. Seine Lustigkeit durchschaute ich bald als eine teuflische Methode, durch die er seine Schüler in Trab brachte, ohne sich verhaßt zu machen.
»Deine Schweinsohren verlieren allmählich ihren Seltenheitswert!« sagte Francescatti eines Tages. »Du verbesserst falsche Töne manchmal so schnell, daß ich mit dem Aufschreien zu spät komme. Außerdem wirst du immer rhythmischer. Ich habe den Verdacht, daß du viel Hausmusik treibst. Sonst wäre das nämlich ein echtes Wunder.«
»Logo«, sagte ich stolz, »unser Privatkomponist

kommt ja mit dem Komponieren schon kaum mehr nach.«
»Was?« rief der Professor fassungslos. »Ihr haltet euch einen eigenen Hofkomponisten in der Hofburg? Das ist ja wirklich schon wie bei den Habsburgern.«
»Kennen Sie denn L. V. Bee nicht?« fragte ich, als hätte ich meinen Lehrer mit einer schweren Bildungslücke ertappt.
»Nein, ehrlich gesagt nicht«, antwortete er neugierig. Da beschloß ich, seine musikhistorischen Kenntnisse auf den neuesten Stand zu bringen. »L. V. Bee hat Kammermusik für alle Instrumentalkombinationen geschrieben und in allen Schwierigkeitsgraden. Er komponiert nämlich nach Maß.«
»Sehr interessant«, brummte Francescatti. »Ich habe jetzt eine Kammermusikklasse übernommen und könnte solche Spezialwerke gut brauchen ... Muß direkt einmal in der Musikalienhandlung nach L. V. Bee stöbern.«
»Da werden Sie kein Glück haben. Den gibt es nur handgeschrieben. Aber Ihnen zuliebe könnte ich ja mit dem Komponisten verhandeln. Vielleicht erlaubt er Ihnen, ein paar Stücke zu fotokopieren«, sagte ich. Wer einen Privatkomponisten hat, darf ruhig ein bißchen auf die Pauke hauen.

Nachdem ich das Beelesche Lieblingsquartett also zweimal mit dem Komponisten persönlich als Duo und dreimal allein geübt hatte, war unser Star, das Fräulein Sabine, so gnädig, es nochmals mit mir zu versuchen. Und ich patzte dank meiner Hochform tatsächlich so wenig, daß sogar Sabine ohne bissige Bemerkung darüber hinwegging. Und noch etwas muß ich zugeben, so schwer es mir fällt: es machte mir einen Mordsspaß, als ich so schön drinnenblieb und mir alle zufrieden zunickten, wenn ich ein paar Takte lang etwas Wichtiges mit meinem Cello zu melden hatte. So ein Nicken rinnt einem richtig wie ein Wonneschauer über die Seele.

»Na, was sagst du jetzt, du arrogante Kuh?« fragte Peter seine Schwester zur Abwechslung, um sie nicht immer Ziege zu nennen. »Ist das ein Cellist oder nicht?«

Sabine sah mich von oben herab an und verzog spöttisch den Mund. »Von Cellist ist natürlich noch keine Rede. Aber in zehn, zwanzig Jahren wird er ganz verwendbar sein.«

Vater Beele stand auf und klopfte mir auf die Schulter. »Bravo! – Was sagst du denn selbst dazu, hm?«

Ich dachte nur ganz kurz nach, während ich zu Peter hinüberschielte und seinen anfeuernden Blick auffing. »Meine Mutter sollte das hören!« rief ich mit dem ergreifenden Unterton des liebenden Kindes. »Die glaubt mir nämlich nicht, daß ich richtig Quartett spielen kann.«

Und wie auf Kommando kam die Antwort aus Dr. Beele herausgeschossen, die wir programmiert hatten: »Dann laden wir sie einfach demnächst dazu ein. Aber jetzt das Ganze noch einmal von Anfang an! Wenn Publikum kommt, muß ordentlich gearbeitet werden.«

Meine Mutter wurde hochoffiziell durch einen persönlichen Anruf Dr. Beeles zum Quartett eingeladen, so daß sie nicht gut kneifen konnte. Zum Trost versprach er ihr anschließend ein Abendessen, und zwar kein von Sabine gebrautes, sondern ein kaltes, von dem sie sich eine gewisse Linderung ihrer Ohrenschmerzen verspre-

chen durfte. Jedenfalls sagte sie mit gutgespielter Freude in der Stimme zu, und damit strebte die Intrige ihrem Höhepunkt entgegen. Der Streß allerdings auch, denn wir mußten ja einen gegenseitigen guten Eindruck organisieren . . .
»Du bist dafür verantwortlich, daß deine Mutter nicht geschminkt ist«, sagte Peter am Tag vorher in der Zeichenstunde.
Ich fühlte mich durch diesen Auftrag stark überfordert. »Wie soll ich das machen?« fragte ich Peter. »Wenn ich ihr sage, schmink dich nicht, sagt sie, das verstehst du nicht, und schminkt sich erst recht.«
Peter war unerbittlich. »Das ist dein Problem. Glaubst du, es war leicht, meinen Vater in einen anderen Anzug zu stecken? Ich hab gestern beim Abendessen die halbe Suppe über ihn gießen müssen. So viel Ungeschicklichkeit echt wirken zu lassen erfordert unheimlich viel Geschick. Das kannst du mir glauben. Aber jetzt ist der vergammelte Anzug in der Putzerei*, wo er sonst noch monatelang nicht hingekommen wäre.«
»Ich werde nachdenken«, sagte ich, beeindruckt von Peters Erfolg. »Jetzt mußt du nur noch dafür sorgen, daß eure Wohnung kein Saustall ist.«
»Richtig, einen Ordnungsfimmel hat deine Mutter ja auch noch! Langsam bezweifle ich, ob diese Frau überhaupt ein Gewinn für uns ist. Auf alle Fälle mußt du dabei mitarbeiten. Denn bei uns Ordnung zu machen ist ein Großprojekt, das meine Kapazität übersteigt.«
»Und wenn du noch so viele Fremdwörter verwendest«, sagte ich gereizt, »euren Dreck müßt ihr euch schon alleine putzen, du und dein Fräulein Schwester.

* Reinigung

Ich bin eingedeckt, wenn ich meine Mutter am Schminken hindere.«

Peter schüttelte den Kopf. »Wenn deine Mutter den Ordnungsfimmel hat, dann putze *du* gefälligst mit! Mein Fräulein Schwester rührt ihre Finger nur auf der Geige, weil sie nach dem Quartett mit einer Sonate angeben will.«

Ich mußte selbstverständlich nachgeben. Ich hatte der Intrige schon zu viele Opfer gebracht, um sie nun an einem läppischen Putznachmittag scheitern zu lassen. Und da meine Mutter niemals einen schlampigen Mann heiraten würde, mußte seine Ordnungsliebe eben vorgetäuscht werden.

Der Großkampftag brach an, und ich blickte ihm einigermaßen gefaßt entgegen. Erst in dieser Nacht war mir die rettende Idee gekommen, wie ich die Selbstbemalung meiner Mutter verhindern konnte.

Ich vertrödelte mich erst einmal künstlich beim Waschen und Anziehen, was mir herrlich leichtfiel, weil ich Trödeln für einen der letzten wirklich großen Genüsse des Lebens halte; man bringt zwar nichts weiter, aber man hat mehr davon. Dadurch mußte meine Mutter – schimpfend zwar, doch unausweichlich – vor mir aus dem Haus gehen. Eine Lehrerin darf ja zum Glück nie zu spät kommen. Kaum war sie draußen, packte ich ihre sämtlichen Schminksachen bis auf einen fadroten Lippenstift in einen Nylonsack: die Farbtöpfe für die Lidschatten, die ganze Tusche zum Verkleben der Wimpern, rosa und braune Gesichtsschmiere, Augenbrauenstifte, Metallic-Effekte, allen Nagellack und was eine Frau sonst noch braucht, um die Natürlichkeit ihres Gesichtes auszumerzen,

schleppte ich in meiner Schultasche davon. Der Toilettetisch sah aus wie nach einem Raubüberfall. Den Nylonsack stopfte ich in mein Pultfach und vergaß ihn dort.
Nach der Schule ging ich gleich zu den Beeles, von wo ich meiner Mutter telefonisch mitteilte, daß wir den ganzen Nachmittag miteinander lernen müßten, wovon natürlich gar keine Rede war. In Wirklichkeit konnten wir es uns an diesem Tag überhaupt nicht leisten, irgend etwas für die Schule zu tun.
Eigentlich hatten wir geplant, nur die frei herumliegenden Sachen wegzuräumen. Auch für diese Augenauswischerei wäre »nur« ein verfehlter Ausdruck gewesen. Leider blieb die Aktion nicht darauf beschränkt. Im Musikzimmer ordneten wir eine Stunde lang die Noten in den Schrank, warfen an die vierzig Zeitungen in den Müll, verstauten die Geigen und Geigenkästen und die Bratsche inklusive Bratschenkasten sowie das Metronom und schichteten sogar auf Dr. Beeles Schreibtisch ein paar Stöße aufeinander, um für das ausgewischte Auge eine Weide zu schaffen. Das Unglück war jedoch der dabei massenweise aufgewirbelte Staub, der uns gar keine andere Wahl ließ, als mit dem Staubsauger über das Musikzimmer herzufallen. Zuletzt hatte Peter noch den idiotischen Einfall, den Klavierdeckel aufzuklappen. Ich konnte nicht fassen, wieviel Lurch* in so einem Flügel Platz findet. Als ich sinnigerweise hineinblies, faßte ich es dank eines Erstickungsanfalles schließlich doch. Mit der Hand vor den Augen stürzte ich hinaus und fiel über Sabine, die mit geschlossenen Augen telefonierte.

* zusammengeballter Staub

»Hier kann man heute nicht einmal in Ruhe telefonieren«, näselte sie, »der Peter und sein Freund sind übergeschnappt: sie machen gründlich.«
»Du nennst dich Hausfrau, und wir haben die Dreckarbeit!« rief ich wütend, weil ich mir das Knie fast zertrümmert hatte.
Sabine schien nur mäßig gekränkt. »Kusch, Cello!« sagte sie mit ihrer sprichwörtlichen Gelassenheit und flötete ins Telefon: »Entschuldige, ich wurde gestört, aber von etwas ganz Unwesentlichem.«
Im Speisezimmer und im Wohnzimmer gab es wenigstens nur Dreck und keine darin eingebetteten Musikgeräte und Noten. Es war mir ein Rätsel, wie die Bedienerin es schaffte, Woche für Woche so präzise am Schmutz vorbeizuputzen.
Nur das Schlafzimmer räumten wir nicht auf, weil wir uns nicht vorstellen konnten, daß Peters Vater meine Mutter dort hineinführen würde. Komischerweise hatte sich aber Sabine plötzlich von uns anstecken lassen und sagte, als sie endlich fertigtelefoniert hatte: »Also gut, wenn schon, denn schon. Einmal muß es ja sein, und der Papa tut es ja doch nicht.« Und verschwand mit zwei riesigen Koffern im Schlafzimmer ihres Vaters.
Nachdem sie eine Stunde dort herumgekramt hatte, kam sie wieder heraus und versuchte vergeblich, ihre rotgeweinten Augen vor uns zu verbergen. Sie bat uns, ihr tragen zu helfen, weil sie nämlich sämtliche Sachen ihrer Mutter verpackt hatte. Ein Koffer enthielt alles, was Sabine vielleicht selbst einmal benutzen wollte, und mußte in ihr Zimmer geschleppt werden. Der zweite Koffer war für das Rote Kreuz und mußte in den Keller. Wie schon ein paarmal in letzter Zeit, pas-

sierte es mir, daß ich Sabine eigentlich schwer in Ordnung fand, da konnte Peter sagen, was er wollte.
Kurz nach sechs war die Wohnung zur völligen Unkenntlichkeit aufgeräumt, und wir werkten an der kalten Platte herum. Peter hatte an diesem Tag auch noch den Küchendienst übernommen, da sich Sabine mit ihrer Mozart-Sonate abstreberte, um auf meine Mutter Eindruck zu machen. Kaum hatte ich das erste Brötchen künstlerisch mit Senf und Ei garniert, als das Telefon klingelte und meine Mutter erwartungsgemäß in der Leitung tobte: »Wo sind meine Schminksachen?«
»Um Gottes willen!« heuchelte ich Erschrecken. »Die hab ich in der Schule vergessen!« Befriedigt blickte ich auf die Uhr: alles planmäßig, Geschäfte zugesperrt, keine Schminke mehr beschaffbar!
»Bist du verrückt, du Lausbub!« rief sie in panischer Sorge um ihre Schönheit. »Wozu brauchst du meine Kosmetika, zum Teufel?«
»Für die Religionsstunde«, log ich kleinlaut. »Wir haben uns zum Spaß wie Indianer auf dem Kriegspfad bemalt.« Ich dachte, mit dieser Ausrede komme ich vielleicht billiger weg, weil meine Mutter dem Indianerspielen geistig verfallen ist.
Tatsächlich klang sie sofort milder. »Indianer gespielt habt ihr?« Die Religionsstunde schien sie verdrängt zu haben. »Was soll ich denn jetzt machen – ohne irgend etwas?« Man konnte meinen, sie sei ausgeraubt worden, so verzweifelt klang sie.
»Du bist auch so wunderschön«, flüsterte ich. »Hauptsache ist die Nase . . .«
»Blödsinn!« knurrte meine Mutter und legte den Hörer auf.

Ich raste in die Küche und erstattete Peter meinen Erfolgsbericht.
Der war uneingeschränkt zufrieden mit mir. »Sehr stark: das Schminkzeug einfach wegschaffen ... Sehr stark! Könnte von mir sein!« Ein höheres Lob gibt es bei Peter Beele, Wien-Hofburg, nicht.
Daß meine Mutter keine Schminksachen mehr besaß, brachte uns noch einen Zusatznutzen ein: sie hatte keinen Grund, sich zu verspäten, und war daher so pünktlich wie sonst nur in der Schule, wo sie ja auch immer im Originalzustand auftritt.
Da stand sie also – bis auf die Nase unverfälschte Natur – in dem widernatürlich ordentlichen Musikzimmer der Beeles, und ein unkenntlicher Hausherr in gebügeltem Anzug und noch ganz unbefleckter Krawatte trat ihr entgegen und verpaßte ihr wieder seinen berühmten filmreifen Handkuß. Diesmal stimmte er voll und ganz mit der Hofburg-Atmosphäre überein, in der sich die Szene abspielte.
»Ich hätte Ihnen schon ein ordentliches Quartett von Mozart oder Beethoven gegönnt, gnädige Frau«, sagte Dr. Beele aufgeräumt, während wir Streicher uns einstimmten, »aber diese Kollegen haben leider ein bißchen zu schwierig für unsere jungen Künstler komponiert.« (Ich fand es sehr nett, daß er in der Mehrzahl sprach, obwohl das ja nur auf mich zutraf.) »Aber als Entschädigung«, fügte er stolz hinzu, »spielt mein Sabinchen anschließend noch eine Mozart-Sonate. Und dann haben Sie schon alles überstanden ...«
Kurz bevor wir loslegten, hatte meine Mutter einen Einfall, von dem ich nicht begriff, wieso er Peter und mir nicht gekommen war. Er paßte so erstklassig in unsere Intrige, als wäre meine Mutter eine Mitver-

schworene. »Wenn Sie einen Umblätterer brauchen, Herr Oberlandesgerichtsrat, dann stehe ich gerne zur Verfügung. Dafür habe ich hoffentlich lange genug Klavier gelernt.«
Dr. Beele strahlte. »Das wäre natürlich reizend! – Ich wußte gar nicht, daß Sie auch Musikerin sind!«
Da meine Mutter nur bescheiden lächelnd abwehrte, mußte ich natürlich gleich für sie Wind machen. »Als Lehrerin muß man ja mindestens ein Instrument spielen und wundervoll singen«, bemerkte ich mit Nachdruck.
Dr. Beele nickte ganz ernst und sagte galant: »Eben, eben! Dann ist es ja kein Wunder, daß Ihr Sohn so musikalisch ist.«
Somit hatte ein Musiker von Format mich öffentlich für musikalisch erklärt, und das war ein Vorkommnis von historischer Bedeutung. Ich fühlte mich so geehrt, daß ich vor lauter stolzem Schlucken gar nichts entgegnen konnte. Dafür fiel meiner Mutter jetzt etwas ein, aber leider nur ein Sprichwort: »Der Apfel fällt nicht weit vom Stamm!« Also ich fand das nicht sehr am Platz, aber sie war ganz aufgeplustert vor Stolz auf die Ulrich-Musikalität.
Gott sei Dank fingen wir nun endlich zu spielen an, sonst wären diese peinlichen Höflichkeitslügen noch weitergegangen. Wir machten unsere Sache eigentlich alle nicht wesentlich schlechter als sonst, weil wir angesichts des einköpfigen Publikums kein Lampenfieber bekamen. Die einzige, die enorm darunter zu leiden schien, war die Umblätterin, die auch als einzige dauernd patzte. Ich glaube, sie las die Noten bedeutend schneller als Dr. Beele und war daher meistens einige Takte vor ihm mit der Seite fertig. Dann entspann sich

ein erbitterter Kampf um das Notenpapier, der alle aus dem Takt brachte. Ein Umblätterer muß ja schon lange vorher den Zipfel der Seite in die Finger nehmen und dann blitzartig wenden. Das tat meine Mutter auch, nur eben ein paar Takte zu früh, worauf Dr. Beele mit nachsichtigem Lächeln noch blitzartiger zurückblätterte. Das verlieh dem Spiel eine gewisse Unruhe. Meine Mutter bekam einen knallroten Kopf und ging jetzt dazu über, gar nicht mehr umzublättern, so daß Dr. Beele wieder eine Hand von den Tasten abziehen mußte.
Als meine Mutter, dadurch aufs neue verunsichert, sich entschloß, doch wieder zu früh umzublättern, geschah das Unglück. Dr. Beele fiel ihr hastig in den Arm und versuchte die Seite, die ihm vor der Nase zu entschwinden drohte, mit der Hand niederzuhalten, wobei sie in zwei Teile zerfetzt wurde. Dr. Beele lächelte milde und schickte Peter um einen Klebestreifen. Somit entstand eine Kunstpause.
Meiner Mutter und mir war die Sache unheimlich peinlich, und auch Peter sah sich schon um den Erfolg der Intrige betrogen. Ich schämte mich derartig, daß ich seinem Blick auswich, um nicht mit meinem Mienenspiel Partei gegen meine Mutter zu ergreifen.
Als meine Mutter anfing, sich zu entschuldigen, unterbrach Dr. Beele sie und sagte aufgeräumt: »Sie können gar nichts dafür, gnädige Frau. Die Noten sind einfach zu schlampig von mir geschrieben.«
»Nein, nein, Herr Oberlandesgerichtsrat«, stammelte meine Mutter. »Ihre Handschrift ist wunderbar leserlich. Es ist ganz allein meine Schuld.«
»Wenn das der Fall wäre«, sagte Dr. Beele noch aufgeräumter, »dann müßten Sie sich erst recht keine Vor-

würfe machen. Schließlich sind Sie die einzige, die nicht geprobt hat. Sie blättern sozusagen vom Blatt um . . .«

Als die Seite geklebt war, stritten die beiden noch immer, wer der Unschuldige an der Panne sei. Das fanden alle sehr ulkig, und es wurde herzlich gelacht. Ich kann also mit gutem Gewissen sagen, daß meine Mutter zwar keine große Hilfe für das Quartett war, aber enorm viel Stimmung hineinbrachte.

Als es dann endlich ans Weiterspielen ging, riet meine Mutter Herrn Dr. Beele, doch wieder selbst umzublättern, weil sie diese Tätigkeit ausgesprochen unterschätzt habe. Aber er gab ihr keine Chance, aus der Sache herauszukommen. »Ausgeschlossen, liebe gnädige Frau!« rief er lustig. »Erstens brauchen wir Sie als Ausrede, wenn wir patzen. Und zweitens geben Musiker nie so kampflos auf.«

»Wieso kampflos? Wir haben doch miteinander gekämpft, daß buchstäblich die Fetzen geflogen sind, Herr Oberlandesgerichtsrat«, sagte meine Mutter.

Dr. Beele ließ nicht locker. »Aber nur, weil Sie als unerfahrene Umblätterin nicht gewußt haben, daß man ganz einfach mitzählen muß. Nicht einmal Mozart hätte umblättern können, ohne mitzuzählen.«

Der Vergleich mit Mozart baute meine Mutter sehr auf, und sie versuchte es noch einmal. Jetzt klappte es wesentlich besser – ob das nun dem Mitzählen zu verdanken war oder dem leichten Kopfnicken, mit dem Dr. Beele ihr nun jedesmal das Signal fürs Umblättern gab. Schließlich war sie von ihrer Mitwirkung so begeistert, daß sie auch noch die Violinsonate umblätterte, obwohl jetzt ja der viel geübtere Peter dafür frei gewesen wäre. Also machte meine Mutter weitere Fort-

schritte in der Umblätterkunst und brachte das Zusammenspiel kein einziges Mal mehr ins Wanken.
Auch beim Abendessen machte mir meine Mutter keine Schande, weil sie in keines der zahlreichen Fettnäpfchen trat, die bei den Beeles aus Pietätgründen für Gäste aufgestellt waren. Es wurde sogar noch ein lustiger Abend, soweit es in Gesellschaft von Elternteilen eben lustig sein kann. Beim Abschied legte Dr. Beele wieder so einen grandiosen Handkuß aufs Parkett und sagte ernst: »Ich hoffe, verehrte gnädige Frau, Sie kommen bald wieder. Nicht nur, weil Sie eine charmante Assistentin waren, sondern auch, weil unsere Wohnung enorm davon profitiert. Seit Monaten war es bei uns nicht mehr so sauber.«

Die Intrige macht sich selbständig

Daß ich von Tag zu Tag weniger falsch spielte und alle das als Wunder der Natur ansahen, konnte mich nicht darüber hinwegtrösten, daß unsere Intrige sich zu einem grandiosen Mißerfolg gestaltete. Wir traten auf der Stelle, alles verlief im Sand, Peter und ich verloren allmählich ganz die Lust auf die Ehe.

Wenn wir auf unsere Strapazen zurückblickten, so hatten wir nur erreicht, daß meine Mutter mit Herrn Doktor Beele bekannt geworden war. Ungefähr alle vierzehn Tage, wenn er fand, daß wir ein Programm zur Vorspielreife geprobt hatten, kam meine Mutter zum Zuhören und Umblättern. Der Abend wurde zwar immer ganz gemütlich, aber es kam kein richtiger Biß in die Bekanntschaft, keine Entwicklung, wie man das von Filmen kennt, wenn es dem Happy-End entgegengeht. Peter und ich waren ratlos. Man kann Eltern eben nicht zur Liebe zwingen. Das einzige Ergebnis war, daß wir uns jetzt dauernd zankten.

»Dein Vater ist ein Blindgänger!« machte ich meiner Enttäuschung Luft.

»Er ist eben Besseres gewohnt«, erwiderte Peter.

»Daß ich nicht lache!« sagte ich und lachte trotzdem. »Meine Mutter hat an jedem Finger zehn. Aber keine so lahmen Enteriche wie L. V. Bee.«

Das giftete Peter sichtlich. Er biß die Zähne zusammen und sagte nach einer Weile ganz leise: »Mein Vater ist ein Genie. Drum zahlt es sich gar nicht aus, daß ich dich wegen dieser Gemeinheit zusammenhaue.« Dann blickte er mich feindselig an und ließ mich stehen, so daß ich gar nichts Milderndes mehr sagen konnte. Klar, daß er sich ärgerte, weil er indirekt zugeben mußte, daß sein Vater die Schuld an der Pleite hatte, Genie hin oder her ...

Der enttäuschende Verlauf der Intrige war aber nicht das einzige, was mich in diesen Tagen wurmte. Obendrein wurde auch der idiotische Luftauslasser wieder aktiv, und das kostete mich noch mehr von der wenigen Zeit, die mir fürs Fußballspielen blieb. Seit ich damals das Fahrrad von Professor Francescatti repariert hatte, bat er mich hier und da nach der Cellostunde, eine Kleinigkeit daran zu richten. Beispielsweise, wenn ihm jemand aus Schabernack die Luft ausgelassen hatte, was im Herbst ein- oder zweimal vorgekommen war. Um mich zu ärgern, erklärte mir Peter, daß schon immer derjenige von Francescattis Schülern sein Fahrrad reparieren mußte, der am falschesten spielte. Das sagte Peter aber nur, um nicht zugeben zu müssen, daß ich ein guter Mechaniker war. Und meine Mutter fand überhaupt nichts dabei und hatte gleich ein Sprichwort parat: »Eine Hand wäscht die andere.«
Neuerdings begann diese kleine Ehrenpflicht aber verdammt lästig zu werden. Irgend so ein Blödian hatte es sich angewöhnt, jeden Dienstag und Freitag aus beiden Reifen des Professors die Luft auszulassen, während ich Cellostunde hatte. Und mein Lehrer gewöhnte es sich an, sich folgendermaßen von mir zu verabschieden: »Hast brav gespielt, Ulli, schöner Fortschritt ...!« (Damit gratulierte er natürlich auch sich, weil ich ja jetzt nach seiner Methode spielte.) Dann kam aber das dicke Ende. »Also leb wohl, und vergiß nicht, mein Fahrrad aufzupumpen, falls unser Spaßvogel wieder am Werk war. Du bist nämlich mein geschicktester Schüler. Leider habe ich keine Zeit, den

Kerl zu schnappen. Vielleicht schaffst du es, daß derjenige die Luft wieder einpumpen muß, der sie ausgelassen hat.«
Ich ließ mir ganz schnell etwas einfallen, weil ich einen Schabernack, über den sich statt des Lehrers ein Schüler ärgern muß, nicht lustig finde, schon gar nicht, wenn dieser Schüler ich bin. Ich suchte mir geeignete Helfer, denen ich einen Prügelauftrag erteilen konnte. Unser Tormann, »Floh« genannt, weil keiner seinen richtigen Namen aussprechen konnte, und der Joschi Horvath stänkerten immer am meisten, daß ich so selten zum Fußballspielen in den Augarten kam. »Wenn ihr diesem elenden Luftauslasser das Handwerk legt, kann ich früher da sein«, versprach ich.
»Wird prompt erledigt«, sagte Joschi hocherfreut, und auch Floh nickte begeistert.
Am nächsten Dienstag begleiteten mich die beiden zur Cellostunde, ließen sich das Fahrrad zeigen und bezogen hinter einer Straßenecke ihren Lauerposten. »Wenn's leicht geht, haltet ihn fest, bis ich zurückkomme, damit ich ihm höchstpersönlich eine herunterhauen kann«, sagte ich und verschwand im Konservatorium.
Als ich wieder aus dem Tor trat, konnte ich zuerst nur erkennen, daß dort ein Bub neben einem Geigenkasten vor dem Fahrrad kniete und pumpte. Meine zwei Helfer standen mit dem Rücken zu mir und verdeckten ihn größtenteils. Die Strafaktion verlief folgendermaßen: Während der Floh den Buben mit einer Hand am Haarschopf und mit der anderen am Ohr festhielt, ließ der Joschi die Luft aus dem zweiten Reifen aus. Wenn Flohs Reifen voll war, übernahm Joschi den Haarschopf und das Ohr, sprach: »Jetzt wieder für den

Dienstag!«, und der Bub pumpte das andere Rad auf. Dann kam wieder Floh an die Reihe, der mit den Worten: »Jetzt für den Freitag!« weiterpumpen ließ. Wie lange das schon so ging, wußte ich nicht. Jedenfalls sah ich mir aus Freude an der Sache noch drei weitere Pumpvorgänge an. Dann trat ich hinzu – und konnte es nicht fassen: es war Peter Beele, Wien-Hofburg! Sein Kopf war purpurrot, bis auf das blaue Auge, und der Schweiß rann ihm in dicken Bächen herunter, möglicherweise vermischt mit ein paar Tränen.
Ich klopfte Floh und Joschi auf die Schultern. »Gut gemacht, Burschen!« sagte ich. »Wie viele Reifen hat er schon?«
»Das ist der neununddreißigste«, sagte Floh stolz. »Weißt du, was uns der Witzbold weismachen wollte? Das er dein Freund ist!«
»Für die Lüge hat er gleich noch einen Tritt mehr in den Hintern gekriegt«, ergänzte Joschi, während er die Luft aus seinem Reifen zischen ließ. »Wie viele braucht er noch, damit die Wirkung anhält?«
»Bei vierzig macht Schluß. – Weil er mein Freund ist«, sagte ich. Die beiden lachten bei dem Wort »Freund« hell auf. Aber Peter pumpte weiter, ohne aufzublicken. Als der neununddreißigste Reifen voll war, drängte ich mich vor und nahm Peter die Pumpe weg. »Den letzten mach ich selber voll, damit ich nicht aus der Übung komme«, sagte ich. »Aber wart auf mich, wir gehen miteinander heim.« Der große Peter Beele riß jedoch stolz und stumm die Pumpe an sich, stieß mich zur Seite und pumpte den Jubiläumsreifen auch noch auf. Joschi und Floh sahen mich entgeistert an. »Ist der vielleicht wirklich dein Freund?« fragten sie gleichzeitig.
»Mein bester«, sagte ich lachend. »Darf ich vorstellen:

Peter Beele, Wien-Hofburg ...« Peter hatte aber offenbar kein Bedürfnis nach herzlichem Händeschütteln. Er kontrollierte mit dem Daumen den Reifendruck, schnappte seine Geige und ging hocherhobenen Hauptes davon.
Ich lief ein paar Schweigeminuten lang neben ihm her, dann sagte ich ganz locker: »Keine Ahnung gehabt, daß du das warst, ehrlich. Sonst hätten wir beide uns das untereinander ausmachen können ...« Er schwieg trotzig. »Wofür wolltest du dich eigentlich rächen?« fragte ich.
»Für die vierhundert saufalschen Mailüfterln!« sagte er bissig.
Weil das klarerweise nicht stimmte, zermarterte ich mir das Hirn nach dem Motiv seiner Rachsucht. Endlich kam ich auf den Blindgänger und den lahmen Enterich. Vielleicht hatte Peter nicht zeigen wollen, wie sehr ihn diese Beleidigungen seines Vaters kränkten. Ich wollte aber nicht in alten Wunden stochern und sagte nur: »Na, mit irgendeinem Blödsinn werd ich dich schon wütend gemacht haben – unabsichtlich natürlich ...« Dann blieb ich stehen und sah ihm in die Augen. »Sind wir zwei jetzt quitt?«
»Logo«, sagte er und ging weiter.
Ich war nicht ganz überzeugt, daß zwischen uns alles wieder in Ordnung war.

An diesem Abend legte Dr. Beele wieder einmal jenes seltsame Verhalten an den Tag, das wir in der letzten Zeit immer häufiger beobachteten. Als Sabine sich vom Musizieren entschuldigte, weil sie schon wieder von ihrem Typ in die Diskothek abgeholt wurde, brummte Dr. Beele: »Wenn ihr nicht wollt, dann eben nicht!«

Wieso spielen wir statt Quartett nicht Trio, wie früher? fragte ich mich. Da Peter nichts sagte, schwieg ich auch. Und Peter sagte nichts, weil er auf den Fernsehkrimi scharf war. Trotzdem wollte er verhindern, daß sein Vater wieder ins Wirtshaus ging, und fragte schmeichelnd: »Schaust du dir mit uns den Krimi an, Papa?«
»Nein«, antwortete Dr. Beele, »ich gehe ein bißchen Luft schnappen und später vielleicht ein Gläschen trinken. Um vor dem Glotzkasten zu verblöden, braucht ihr mich ja nicht.« Damit erhob er sich und ging schon ins Vorzimmer. »Aber schaut euch nachher wenigstens die Operette an. Die ist wunderschön . . .«
Peter flüsterte mir zu: »Verdammt, jetzt geht er wieder saufen! Komm, hilf mir!« Wir liefen ins Vorzimmer, wo sein Vater sich gerade in Hut und Mantel warf. »Bitte, Papa, spiel Trio mit uns!« flehte er. »Der Ulli möchte auch so gern musizieren; gell, Ulli?« Ich nickte eifrig.
Und wieder passierte das Unfaßbare. Vater Beele, der sonst nichts unversucht ließ, um seine Kinder vor der Verblödung durch das Fernsehen zu bewahren, sagte: »Das hättet ihr euch früher überlegen müssen. Jetzt hab *ich* keine Lust mehr!« Und war schon draußen. – Wieso weiß er auf einmal, was im Fernsehen läuft? dachte ich.
Peter war ganz geknickt und machte sich Vorwürfe. »Jetzt verfällt er dem Alkohol, und wir sind schuld!« rief er und fand den Krimi überhaupt nicht spannend. »Sabine darf sich nie mehr vom Musizieren drücken. Wer weiß, wie lange ein Trinker überhaupt Klavier spielen kann.«
Nach dem Krimi setzten wir unsere Verblödung mit

einem uralten Operettenfilm fort. Aber man konnte sich dabei wenigstens unterhalten, ohne viel zu versäumen. »Wenn es so weitergeht, ist zu Weihnachten wieder alles so, als ob es nie eine Intrige gegeben hätte. Und zu Ostern können wir meinen Vater auf Entziehungskur schicken.«

Ich nickte mitfühlend. »Die Intrige ist nicht durchzustehen«, sagte ich. »Glaubst du, wir veranstalten jahrelang einen Großputz, sooft meine Mutter umblättern kommt?«

»Letztes Mal war sowieso alles schon wieder so drekkig wie früher«, seufzte Peter. »Mit einem Mann, der seine Frau so geliebt hat, ist halt nichts anzufangen.«

Weil Peter diesmal nichts Abfälliges über meine Mutter sagte, sondern nur deprimiert auf die Mattscheibe starrte, nahm ich großmütig einen Teil der Schuld auf uns. »Meine Mutter hat ja auch versagt – mit ihrer verdammten Schminkerei.«

»Also erklären wir die Intrige offiziell für beendet«, sagte Peter. »Wenigstens werden wir in Zukunft weniger streiten, und du kannst das Cellospielen wieder aufgeben.«

»Theoretisch schon«, murmelte ich überrumpelt, »aber praktisch kann ich das dem alten Francescatti nicht antun. Außerdem geht unser Schulorchester ohne mich flöten.«

Peter wechselte ruckartig das Thema. »Es schneit wie verrückt.« Anscheinend war ihm der Gedanke, daß es an unserer Schule Geiger zum Schweinefüttern gab, während man die Cellisten wie Stecknadeln im Heuhaufen suchen mußte, nicht sehr angenehm. Daß ich die Kostbarkeit und er der Massenartikel war, tat Peter Beele, Wien-Hofburg, in der stolzen Seele weh.

Weil ich sowieso nicht mehr wußte, wer in dieser Operette wen mit wem verwechselte, verließ ich Peter schon nach dem ersten Akt. Es schneite so schön, und nachts darf der Schnee ja sogar in der Innenstadt ein bißchen liegenbleiben. Also buddelte ich auf dem Heldenplatz und auf dem Umweg über den Graben immer wieder im Pulverschnee herum und kam schließlich feucht und vergnügt zu Haus an.
Als ich mich unserer Wohnungstür näherte, hörte ich aus dem Vorzimmer Stimmen, die mir im höchsten Grad verdächtig vorkamen. Mit detektivischem Spürsinn huschte ich lautlos über den Gang und drückte mich in die Nische des Dachbodeneingangs. Dort wartete ich atemlos, bis sich die Wohnungstür öffnete. Und prompt bestätigte sich mein Verdacht: Meine Mutter und Dr. Beele traten heraus ...
Mit dem linken Auge, das ich hinter dem Türstock hervorspähen ließ, sah ich, wie Dr. Beele meine Mutter um die Taille packte, um zwischen Tür und Angel mit ihr zu schmusen. Sie beugte sich zurück und wehrte den Angriff ab, wobei sie eigenartig lachte. »Verschwinde schon endlich, du verrückter Mensch«, kicherte sie. »Wer weiß, ob der Ulli die Operette bis zum Schluß anschaut.«
»Übermorgen ist ein Ländermatch. Da können wir sicher sein, daß er bis zum Schluß bleibt«, flüsterte Dr. Beele, gleichfalls kichernd, und küßte sie in einem Überraschungsangriff noch einmal stürmisch auf den Mund. Zum Glück relativ kurz, sonst wären mir die Nerven durchgegangen und ich hätte mich auf ihn geworfen. Mit einem Ruck riß er sich los und rannte wie gehetzt die Wendeltreppe hinab. Er hatte es kolossal eilig, um mir nicht zu begegnen.

Mein Hirn arbeitete fieberhaft, während ich wie ein gefesselter Cowboy in die Nische gedrückt stand, und mein Denken erreichte eine Spitzengeschwindigkeit, die ich mir für die nächste Matheschularbeit gewünscht hätte. Hochverräter...! Hinter meinem Rücken...! Der heimliche Geliebte meiner Mutter...! Ich wollte ihn zum Vater machen, und er vernascht sie, sooft es das Fernsehprogramm ermöglicht...!
Ich wartete genau zehn Minuten, bevor ich hineinging. Meine Mutter durfte keine Befürchtung hegen, daß ich beim Heimkommen Dr. Beele begegnet sein könnte. Auf sie hatte ich eigentlich keinen Zorn. Ihre Geheimniskrämerei machte mich nur traurig.
Beim Frühstück spielte ich den Ahnungslosen. Es gelangen mir sogar ein paar Scherze, obwohl ich morgens von Natur aus humorlos veranlagt bin. Ich wußte zwar nicht, warum meine Mutter dieses Geheimnis so ängstlich hütete, aber sie würde schon ihre Gründe dafür haben.
Zum Ausgleich erzählte ich meinerseits Peter nichts davon. Auch ich hatte dafür meine Gründe, die mir allerdings selbst nicht ganz klar waren. Ich konnte nicht begreifen – und schämte mich dafür –, daß meine Mutter auf einmal kein Vertrauen mehr zu mir hatte. Noch nie hatte sie mir verheimlicht, wenn ein neuer »Onkel« aufgetaucht war.
In der Schule tat ich so, als würde ich konzentriert mitarbeiten, nur um nicht mit Peter schwätzen zu müssen. Und in den Pausen wich ich ihm aus und suchte mir andere zum Blödeln. Als Peter mich nach dem Unterricht fragte, ob ich abends Cello kratzen käme, sagte ich: »Weiß ich noch nicht.« Ich wußte wirklich nicht,

ob ich es aushalten würde, mit seinem Vater, diesem Heuchler, zu musizieren.
Zu Hause, in meinem Zimmer, beschloß ich dann, überhaupt nicht mehr zu den Beeles zu gehen. Ich hätte ein Genie der Verstellungskunst sein müssen, um mir meinen Haß nicht anmerken zu lassen. Am besten gebe ich das blöde Cello überhaupt auf, dachte ich. Hat ja alles keinen Sinn mehr. Der Alte will uns doch gar nicht heiraten, sondern nur heimlich mit der Mama schlafen. – Den Haushalt führen ihm sowieso die Kinder! – Ich hatte direkt einen Widerwillen, das Cello anzurühren. Statt dessen versuchte ich zu lernen. Manche lernen ja nur aus Verzweiflung, also hatte ich vielleicht eine Chance. Es klappte aber nicht. Deshalb tat ich aus Rache gar nichts und lungerte nur so herum.
Als ich mitten im schönsten Rächen war und schon aus sämtlichen Gardinenfransen Zöpfchen geflochten hatte, kam meine Mutter herein und sagte aufgekratzt: »Die Sabine hat uns für das verlängerte Wochenende einen gemeinsamen Schiausflug nach Annaberg vorgeschlagen ... weil doch Mariä Empfängnis* heuer auf einen Montag fällt. Hast du Lust?«
Ich ersann eine naheliegende Ausrede und sagte: »Zahlen wir mit dem Geld lieber deine Nase ab.«
»Lieb, daß du mir sparen helfen willst«, entgegnete meine Mutter, »aber für den Nasenkredit läuft ein Dauerauftrag bei der Bank. Die fünfhundert Schilling monatlich kann ich schon irgendwie abzwicken. – Also, möchtest du fahren?« Ich zuckte die Schultern. »Bei dem herrlichen Schnee wird's bestimmt sehr lu-

* Katholischer Feiertag (8. Dezember)

stig . . .« Ich schwieg weiter. »Die Sabine hat gesagt, sie würde sich enorm freuen . . .«
»Die blöde Kuh!« knurrte ich, obwohl gegen Sabine momentan nichts vorlag.
»Also dann sag ich der Sabine, daß wir uns freuen, ja?«
Ich spürte, daß meine Mutter sich nach dem gemeinsamen Ausflug verzehrte; gleichzeitig wußte ich, daß ich diese Komödie unmöglich mitspielen konnte. Dementsprechend zerrissen schaute ich drein. »Ich bleibe lieber zu Hause«, sagte ich. »Dann kostet es nur die Hälfte.«
»Dummkopf!« sagte meine Mutter zärtlich und hüpfte vergnügt aus dem Zimmer. Dann hörte ich, wie sie ins Telefon flötete: »Sag deinem Vater, Ulli und ich freuen uns sehr . . .«

Um Punkt acht Uhr sollten wir beim Autobus sein. Mutter sah schick aus in ihrem noch immer verhältnismäßig modischen Dress. Dagegen schaute Dr. Beele aus, als hätte man ihn irrtümlich in eine Schihose gesteckt und dann den Irrtum mit einem Anorak zu verdecken gesucht. Man konnte ihm nicht eigentlich eine schlechte Figur nachsagen; aber er gehörte eindeutig zu den Männern, die in Sportkleidung nicht fescher, sondern komischer wirken.
Plötzlich war ich ganz zufrieden, daß zwischen uns im wesentlichen alles beim alten bleiben würde. Meinetwegen soll dieser Heuchler mit dem schlotternden Anorak und der zehn Jahre alten Sicherheitsbindung seine Komödie weiterspielen, solange es eben hält! Ich wollte gar nicht offiziell eingeweiht werden. Um so besser, daß er Sabine den Platz neben meiner Mutter überließ und sich mit seinem Buch zu einem älteren Herrn setzte. Ich hatte keine Lust, die beiden neben-

einander zu sehen. Ich war fast schon zu zermürbt, um mit Peter um den Fensterplatz zu streiten, und erhob nur aus Prinzip Anspruch darauf. Wir knobelten schließlich darum, und ich gewann, ohne mich darüber zur freuen.
»Pech im Spiel, Glück in der Liebe!« sagte Peter angeberisch und schaute sich mit Kennerblick im Autobus nach Mädchen um.
Sabine war anscheinend doch nicht so eine Pestgrammel, wie Peter behauptete. Sie machte in Annaberg gleich beim ersten Anstellen einen Aufriß* und liftelte dann bis zum Abend unzertrennlich mit diesem Knaben. Dadurch war wenigstens das Problem unserer ungeraden Zahl bei den Doppelliften gelöst. Es war logisch, daß Peter mit mir den Bügel des Schlepplifts teilte, so daß meine Mutter notgedrungen mit Dr. Beele fahren mußte. Kupplerische Nebengedanken hatten wir dabei keine. Die Intrige war nicht mehr aktuell.
Dr. Beele hatte sich offensichtlich noch nie bei einem Schlepplift selbst bedienen müssen und ließ erst einmal drei Bügel vorbei, bis er begriff, daß der Liftwart nur zum Aufpassen dort stand und außer in Notfällen keinen Finger rührte. Da die wartenden Schifahrer nun schon ungehalten murrten, wurde Dr. Beele nervös und klemmte den Bügel so schief unter seinen Hintern, daß das Paar sofort nach dem Start auf die Trasse kollerte. Weil der zuckende Knäuel, den sie dort bildeten, wegen der Glätte schwer entwirrbar war, zogen noch weitere acht Bügel ungenutzt über den beiden davon. Endlich entschloß sich der Liftwart, den Fall zum Notfall zu erklären. Er stoppte den Lift, stellte

* Eroberung

Dr. Beele und meine Mutter eigenhändig wieder auf die Beine und brachte sie mit geübtem Untergriff energisch auf den Weg.
»Ein Glück, daß eh schon alles Wurscht ist«, sagte Peter resigniert. »Von einer weniger imponierenden Seite könnte sich mein Vater beim besten Willen nicht zeigen.«
Ich nickte und dachte nach, was ich trotz allem Tröstliches über seinen tolpatschigen Vater äußern könnte. »Weißt du«, sagte ich, »wenn man eine Frau mit Schilehrerprüfung, die nicht umblättern kann, mit einem Komponisten, der nicht Lift fahren kann, zusammenspannt – was soll da schon Gutes herauskommen?«
Es zeigte sich dann, daß Dr. Beele nur unwesentlich besser Schi fahren als Lift fahren konnte. Er versuchte elegant zu wirken und führte daher, wie Peter bemerkte, seine Schi paralleler als sonst. Aber das war anscheinend auch paralleler, als es seine Technik erlaubte, so daß er sofort Rückenlage bekam und endgültig die Kontrolle über die Schi verlor. Er raste, starr vor Angst, wie ein Autobus mit Bremsversagen den Übungshang hinunter, und meine Mutter wedelte hinter ihm drein und rief ihm in einem fort zu, was er tun beziehungsweise nicht tun sollte. »Nicht so steif in den Knien! Talschi belasten! Vorsicht, nicht verkanten!«
Als Dr. Beele auf einem Gegenhang endlich zum Stehen kam und seine drei Getreuen sich um ihn versammelten (Sabine hatte mit ihrem Aufriß die rote Abfahrt gewählt), sagte er kopfschüttelnd: »Jetzt wäre ich um ein Haar tatsächlich etwas über meine Verhältnisse gefahren!«
»Müssen wir zwei eigentlich bei euch bleiben, oder dürfen wir richtig Schi fahren?« fragte Peter. Meine Mutter tat, als hätte sie den höhnenden Unterton über-

hört, und erlaubte uns gnädig, bis zum Mittagessen allein auf und ab zu flitzen.
»Auch Sie sollen sich um Gottes willen nicht an mich gebunden fühlen, gnädige Frau«, stammelte Dr. Beele. »Ich muß nämlich erst wieder zu meiner alten Technik zurückfinden.«
»Da wirst du aber lange suchen müssen«, rief Peter schonungslos und zischte davon.
Meine arme Mutter tat mir richtig leid, weil sie es am liebsten steil und schnell mag, wovon natürlich mit Rücksicht auf den Herrn Oberlandesgerichtsrat keine Rede sein konnte.
Mittags wurden der Reisegruppe die Übernachtungszimmer zugeteilt. Die Ulrichs hatten ein Doppelzimmer bestellt, die Beeles ein Dreibettzimmer. Sabine erklärte aber plötzlich, sie haben keine Lust, mit zwei »Mannsbildern« zu schlafen, und schlug vor, mit meiner Mutter das Doppelzimmer zu teilen. Diese war sehr einverstanden, so daß wir Männer sowieso nicht mehr gefragt wurden. Ich wählte freiwillig das Notbett am Fußende des Doppelbettes. Ätsch, dachte ich, nix amore, Peter mit Pickeln gibt's zum Schlafen.
Beim Mittagessen berichtete meine Mutter von einem sogenannten Tauschgeschäft. »Der Herr Oberlandesgerichtsrat wird bei mir ein paar Privatstunden nehmen, um seine Wedeltechnik ein bisserl aufzufrischen . . .«
»Ein bisserl ist gut«, warf Sabine ein. »Was der Papa auf der Piste tut, hat doch mit Schifahren überhaupt nichts zu tun.«
»Danke für die Blumen, mein Herz«, sagte ihr Vater gleichmütig. »Jedenfalls kann Frau Ulrich als geprüfte Schilehrerin . . .«

»Hilfsschilehrerin ...« korrigierte meine Mutter bescheiden.
»Wie auch immer, sie kann sehr genau abschätzen, was sie sich da aufgehalst hat. Dafür werde ich mich mit ein paar Gesangsstunden erkenntlich zeigen. Frau Ulrich hat mir nämlich gestanden, daß sie als Mädchen singen gelernt hat.«
Peter warf mir einen triumphierenden Blick zu, den ich barsch zurückwies. »Die Mama kann sowieso singen«, sagte ich unfreundlich. »Jede Volksschullehrerin muß singen können.«
»Das mag schon sein«, meinte meine Mutter und schien etwas irritiert durch meinen schroffen Ton. »Aber Singen und Singen sind zwei verschiedene Paar Schuhe. Ich kann vielleicht ein paar Gstanzln* zur Gitarre trällern, aber ein richtiges Lied, zum Beispiel von Schubert ...«
»... oder von L. V. Bee ...« ergänzte Sabine.
»Ah, Sie haben auch Lieder geschrieben, Herr Oberlandesgerichtsrat?« fragte ihn meine Mutter bewundernd.
Dr. Beele machte eine wegwerfende Geste und sagte etwas verlegen: »Mein Gott, was hat man nicht alles versucht, als man noch Illusionen und Träume hatte!«
Am Nachmittag sahen wir vom Lift aus, wie meine arme Mutter versuchte, Dr. Beele den Parallelschwung beizubringen. Die Szene erinnerte mich an die Clownnummern im Zirkus, wenn der Gescheite dem Dummen irgend etwas beibringen will, was dieser immer falscher und falscher macht. Nur wirkte Dr. Beeles Ungeschicklichkeit viel echter. »Dein Vater hat nicht

* Schnaderhüpfel

nur keine Technik«, kommentierte ich das Pistengeschehen, »er ist ein seltenes Antitalent.«
»Spielt keine Rolle«, antwortete Peter schlau, »ich halte es nicht für ausgeschlossen, daß unsere totgesagte Intrige doch noch eine späte Blüte treibt.«
»Ich pfeife auf diese Blüte!« knurrte ich. »Das Ganze war doch eine Schnapsidee!«
»Es war eine Schnapsidee, die beiden immer nur im Familienkreis zusammenzubringen. Wie sollen sie sich vor den Augen der Kinder erotisch entwickeln?«
Er kam mir so ahnungslos und dumm vor mit seinem obergescheiten Grinsen, daß ich gar nichts darauf erwiderte. Aber es war klar, daß wir von nun an gegeneinander arbeiteten. Er nahm die Intrige wieder auf, während ich meine Mutter keinesfalls an seinen heimtückischen Vater verschwenden wollte, selbst wenn es diesem ernst sein sollte.
Nach dem Nachtmahl wurde Sabine von ihrem Schipartner in den Tanzkeller abgeschleppt, und Peter schlug eine Schneeballschlacht vor, um die Eltern endlich einmal allein zu lassen. Ich bildete mir ein, daß meine arme Mutter mich mit den Augen um meinen Schutz anflehte, und wollte ihr diesen keinesfalls versagen.
»Es gibt doch nichts Kindischeres als eine Schneeballschlacht«, sagte ich.
»Fader Zipf!« knurrte Peter und zwinkerte mir zu. »Dann gehen wir halt auch in den Keller hinunter.«
»Wenn dir nichts Besseres einfällt«, antwortete ich gedehnt, »dann geh. Aber ohne mich!«
Da mischte sich auf einmal Dr. Beele ein und sagte so aufgekratzt, als ob er sich nicht den ganzen Tag blamiert hätte: »Aber wir zwei Alten könnten einmal hin-

unterschauen.« Und meine Mutter hatte nichts Eiligeres zu tun, als die Idee prima zu finden.

»Dort spielen sie aber keine Mozart-Quartette«, ätzte ich.

»Damit werde ich mich wahrscheinlich abfinden müssen«, meinte Dr. Beele lächelnd und wandte sich zum Gehen. »Aber falls ihr zwei trotzdem nachkommen wollt, spendiere ich euch ein Cola.«

Als wir am nächsten Morgen vollzählig beim Frühstück versammelt waren, verwandelte sich der Schiausflug in ein Familiendrama. Mir fiel gleich auf, daß Sabine unheimlich blöd grinste, als sie ihrem Vater den Gutenmorgenkuß gab. Dann klopfte sie mit dem Löffel feierlich an die Porzellantasse und sagte:
»Also, ich habe mich heute nacht mit Hermi ausgesprochen und alles bestens geregelt . . .« Wieso ist diese Gans plötzlich per Hermi mit meiner Mutter, dachte ich und war schon wütend, obwohl das erst der Anfang war. »Ich durchschaue natürlich schon seit Wochen«, fuhr sie fort, »was zwischen ihr und meinem Herrn Papa läuft. Anfangs wollte ich zwar verhindern, daß mich jemand von meinem Hausfrauenposten verdrängt. Außerdem war mir keine gut genug für meinen Papa. Hermi ist aber ziemlich in Ordnung, und so habe ich beschlossen, dieses idiotische Versteckenspielen vor uns zu beenden und die Sache selbst in die Hand zu nehmen. Deshalb hab ich diesen Ausflug inszeniert. Die beiden lieben sich und sollen endlich heiraten. Demnächst steigt die Verlobungsfeier. Danke für die Aufmerksamkeit.«
Was sich jetzt abspielte, läßt sich kaum schildern. Dr. Beele hatte feuchte Augen, und meine Mutter heulte bereits ganz offiziell. Die Leute an den anderen Tischen schauten wohlwollend zu, wie an unserem Tisch reihum jeder jeden umarmte. Auch ich blieb nicht verschont und mußte mich küssen lassen – sogar von Sabine. Währenddessen überlegte ich fieberhaft, wie ich der Umarmung von Dr. Beele entgehen könnte. Doch das ergab sich dann relativ einfach. Pe-

ter stand während der ganzen Küsserei mit verkniffenem Gesicht da. Er kam mir vor wie ein Sieger, dem man den Kranz gestohlen hat. Und als seine Schwester nun auch ihn gerührt küßte, zischte er ihr zu: »Mit dir red ich kein Wort mehr, du hundsgemeine Sau!« Diese unfeierlichen Worte rissen das Brautpaar ruckartig aus der Rührung. Ehe sie etwas sagen konnten, rannte Peter heulend hinaus. Ich nichts wie ihm nach, so daß mir der Judaskuß erspart blieb.
Vor dem Hotel griff Peter nach einem Schistock und tobte sich an sämtlichen Eiszapfen aus, die er erreichen konnte. »Wir haben die ganze Dreckarbeit gemacht, und jetzt ist alles ihr Werk!« brüllte er. »Wer hat vierhundertmal das Scheißmailüfterl geübt, wir oder sie? Wer hat geputzt? Wer hat Suppe über Papas Anzug geschüttet?«
Ich nickte und sagte düster: »Wir sind um alles betrogen. – Aber jetzt geh wieder hinein!«
»Fällt mir nicht ein!« schrie Peter und nahm auch noch die kleinen Eiszapfen des Schistalles aufs Korn. Mit dem Mann war nicht zu reden. Also ging ich allein in den Speisesaal zurück.
Dort war die Kußgefahr inzwischen vorüber, weil jetzt alle anderen Pensionsgäste zu unserem Tisch strömten, um dem glücklichen Brautpaar zu gratulieren.
»Was ist denn in Peter gefahren?« fragte mich Sabine.
»Tu nicht, als ob du nicht wüßtest, daß wir das geschafft haben, du blöde Gans!« sagte ich, weil ich ja mit Sabine jetzt auf einem sehr intimen Fuß stand. »Du hast uns die ganze Schau gestohlen. Aber mir kann sowieso schon alles gestohlen bleiben.«
»Mir scheint, du bist eifersüchtig«, sagte sie.
»Nein, nur ein bißchen betrogen!«

Beim Mittagessen versuchte meine Mutter vergeblich, die Feierstimmung wieder anzukurbeln. Peter hätte sich lieber einen Nagel ins Knie geschlagen, als ein Wort zu Sabine zu sprechen, und auch ich hüllte mich in gekränktes Schweigen. Sie sollten nur endlich merken, daß ich mir nicht alles gefallen ließ. Auch Dr. Beele war schweigsam und gedrückt.
»Was habt ihr denn plötzlich alle?« fragte meine Mutter ratlos, weil ihr guter Schmäh* überhaupt nicht zog.
»Laß sie, das hat jetzt alles keinen Sinn«, sagte Dr. Beele leise.
Zum Abschied schenkte der Wirt meiner Mutter die junge, schwarze, mollige Katze, mit der Sabine ein paarmal gespielt hatte. »Zur Erinnerung an Ihre Verlobung, gnä' Frau!«
Meine Mutter drückte das herzige weiche Ding an ihre Brust, streichelte es zärtlich und sagte: »Vielen Dank, Herr Wirt ... Nur – was machen wir, wenn sie dauernd Junge kriegt? Wir sind beide berufstätig.«
»Keine Angst, gnä' Frau«, zerstreute der Wirt ihre Bedenken, »das ist ein Manderl und kriegt garantiert keine Jungen. Der Kater fangt Ihnen höchstens ein bisserl zu riechen an, wenn er erwachsen wird. Aber dann lassen S' ihn halt ... wenn ich das vor dem Fräul'n Tochter sagen darf ... kastrieren.«
Peter nahm nun das Kätzchen und suchte es mit Beelescher Gründlichkeit nach männlichen Körperteilen ab. »Woran erkennt man, daß das ein Kater ist?« fragte er den Wirt. »Ich find gar nichts.«
Der Wirt lächelte mit Kennermiene. »Der Laie kann auch noch nichts finden bei so einem jungen Viech.

* Witz

Aber als Fachmann brauch ich mir nur die Brille aufsetzen und weiß sofort, daß das ein Manderl ist.« Er zog die Brille aus der Tasche, setzte sie umständlich auf, und sein forschender Blick kroch gleichsam in den flaumigen Bauch des Tieres hinein. Dann nickte er zufrieden. »Keine Frage: ein einwandfreier Kater!«

Am Tag nach diesem folgenschweren Schiausflug winkte mich Peter in der Zwölfuhrpause zu einer seiner »Konferenzen« in die Fensternische. »Warum bist du eigentlich so widerlich zu meinem Vater? Sei lieber widerlich zu Sabine. Die hat es verdient!«
»Sabine«, sagte ich »hat mich ja nicht betrogen.«
»Ah, *er* hat dich betrogen, du eifersüchtiger Wappler?« Mit wem denn, ha? Mit deiner Mutter? Weil er sie liebt? – Sag noch ein einziges Mal, daß er ein Betrüger ist . . . !«
»Jawohl, ein Betrüger!« schrie ich.
»Was ich jetzt mache, hätte ich schon damals machen sollen, statt aus dem blöden Fahrrad die Luft auszulassen«, schnaubte Peter und holte zu einem saftigen Kinnhaken aus, der mich nicht traf, weil ich auswich, so daß er sich die Hand an der Mauer anhaute. »Ausweichen auch noch, du Feigling!« brüllte er, bevor uns beiden Hören und Sehen verging.
So kam es, daß unsere »Konferenz« schließlich im Konferenzzimmer neben der Direktionskanzlei endete. Die Prügelei, die dem danebengegangenen Kinnhaken folgte, gilt heute als Markstein in der Geschichte des Schottengymnasiums. Wir schlugen und traten aufeinander ein, ungefähr vierzig Schüler aller Klassen feuerten uns mit Sprechchören an. Als uns die Gangaufsicht trennte, ging sie ein großes körperliches

Risiko ein, weil sie eine zarte Junglehrerin war. Aus Peters Nase floß Blut, von meinem linken Auge konnte man nicht genau sagen, ob es je wieder Bilder an mein Gehirn liefern würde. In der Direktionskanzlei wurde uns Erste Hilfe geleistet, und der leider anwesende Direktor hielt uns eine Strafpredigt. »Warum habt ihr euch eigentlich geprügelt, ihr zwei Rohlinge?« fragte er abschließend.

»Weil sein Vater, dieses falsche Schwein, meine Mutter nicht in Ruhe läßt!« heulte ich.

»Was heißt, weil er sie nicht in Ruhe läßt? Schließlich sind sie verlobt, du Trottel!« schrie Peter und biß vor Schmerz und Wut in sein Taschentuch.

Der Anlaß unseres Kampfes erschien dem Direktor etwas heikel. Vielleicht steht auch in irgendeinem Schulordnungsparagraphen, daß sich die Schule in alles einmischen darf außer in das Liebesleben der Eltern. Daher äußerte sich der Direktor auch nicht darüber, ob Dr. Beele ein falsches Schwein sei oder nicht, sondern schickte mich prompt nach Hause, als ich ihm erzählte, daß ich auf den Hinterkopf gefallen sei und Kopfweh hätte. »Das weist auf Gehirnerschütterung hin«, meinte er besorgt. »Leg dich nieder und halte deinen Dickschädel ganz ruhig, damit du nicht noch dümmer wirst!« Genauso hatte ich das programmiert, denn in Wirklichkeit hatte ich gar nicht Kopfweh. Ich hatte nur keine Nerven mehr für die fünfzig Minuten Geographie, die Peter noch über sich ergehen lassen mußte, weil nicht er die gute Idee mit der Gehirnerschütterung gehabt hatte, sondern ich.

Weil meine Mutter der Boß einer Taferlklasse* war,

* erste Schulklasse

befand sie sich schon daheim und konnte sich ausgiebig über mein Auge aufregen. Sie zwang mich auf das Sofa und legte mir einen nassen Fetzen auf, den sie alle paar Minuten in eine Schüssel mit kaltem Wasser tauchte, als wäre mein Kopf ein glühendes Eisen, auf dem die Feuchtigkeit in Sekundenschnelle verdunstete. Diese körperliche Nähe, aus der ich ohne Gewaltanwendung nicht entwischen konnte, führte unvermeidlich zu einer Befragung. »Was ist denn nur in dich gefahren, Ulli? Du bist ja wie ausgewechselt. Warum magst du denn meinen Ludwig plötzlich nicht?«
»Er hat sich deine Liebe erschlichen«, schluchzte ich in ihren Pullover.
Sie ließ mich eine Weile heulen, dann sagte sie leise: »Liebe wird doch eigentlich immer irgendwie erschlichen, weil sie sich ihrer Natur gemäß im Herzen einschleicht, findest du nicht? Drum darfst du ihm das nicht übelnehmen. Wir haben uns verliebt ...«
»Ich mag keinen Stiefvater«, jammerte ich. »Ich will mit dir allein in unserer schönen Wohnung bleiben. Wir waren doch so glücklich zusammen ...« Ich merkte sofort, daß das unheimlich lächerlich klang.
Meine Mutter ging schonungsvoll darüber hinweg. Sie sagte sanft und ein bißchen traurig: »Wenn man einen Menschen nicht leiden kann, hilft alles nichts. Ich möchte dir Ludwig auch nicht aufzwingen und verspreche dir, daß ich ihn nicht heiraten werde, wenn du es nicht willst. Aber gib ihm wenigstens noch eine Chance.« Ich schwieg und fühlte mich plötzlich unsicher, während sie ihre gütige Tour fortsetzte. »Zieh einfach ein paar Tage hinüber in die Hofburg und überzeuge dich, daß dein jetziges Gefühl stimmt. Wenn ja, bleiben wir hier beisammen, und ich sehe

Ludwig eben nur manchmal. Wie man halt einen guten Freund trifft. Einverstanden?«
Ich traute der Sache zwar nicht recht und hatte wenig Lust, bei den Beeles das Familienleben zu proben. Aber schließlich konnte ja nicht viel schiefgehen dabei. Jedenfalls hatte das Gespräch den großen Vorteil gebracht, daß ich jetzt offiziell statt heimlich gegen die Ehe war. Und daß ich die Macht hatte, den ganzen Heiratsspuk abzublasen.
Ich mußte jetzt in die Cellostunde. Meine Mutter wollte inzwischen meine nötigsten Bedarfsartikel in die Hofburg bringen, und ich sollte dann direkt dorthin gehen.
Da ich logischerweise keine Minute geübt hatte, wies Francescatti anzüglich auf mein blaues Auge hin. »Keine Zeit gehabt, was?«
»Ich mußte mich leider aus familiären Gründen mit Peter prügeln«, erklärte ich. »Außerdem werde ich das Cello sowieso aufgeben.«
Der Professor ließ den nun eigentlich vorschriftsmäßigen Wutausbruch entfallen. Seine Neugier schien seinen Ärger matt zu setzen. »Gibst du auf, weil euer Eheplan mißlungen ist?« fragte er vorsichtig.
»Das weniger. – Die Verlobung hat gestern stattgefunden . . .«
»Aha . . . und zur Feier dieses Anlasses . . . habt ihr euch alle gegenseitig blau geprügelt?«
»Nein, bitte«, antwortete ich, weil ich es schon gewohnt war, meinen Cellolehrer über unser Intimleben zu informieren, »nur mein Stiefbruder und ich, weil ich seinen Vater, diesen falschen Fünfziger, beschimpft habe . . .«
Francescatti schaute mich prüfend an, und ich konnte

förmlich sehen, wie er unser Familiendrama zu einem Puzzlebild zusammensetzte. »Verstehe«, sagte er dann und lächelte in Jugenderinnerungen. »Ich war als kleiner Bub noch strenger als du. Wie ich dahintergekommen bin, daß mein Vater mit meiner Mutter schläft, habe ich ihn wochenlang gehaßt.«
Dafür hatte ich nur eine wegwerfende Geste. »Früher waren die Kinder ja auch von gestern. Da war es noch üblich, dem eigenen Sohn etwas vorzumachen.«
»Ganz richtig!« Er grinste verschmitzt. »Aber auch heute fragt man die Kinder in Dingen der Liebe nicht um Erlaubnis. Also drück ein Auge zu – obwohl du natürlich völlig im Recht bist, wenn du dem Mann das übelnimmst. – Allerdings könntest du bei der Gelegenheit einmal ausprobieren, was für ein tolles Gefühl es ist, jemandem etwas zu verzeihen. Ich sage dir, das ist wie Weihnachten und Geburtstag in einem.« Wir schwiegen eine Weile, von Cellostunde war schon lange keine Rede mehr. Dann fuhr er ernst fort: »Jedenfalls ist es schade, daß du das Cello aufgibst. Deine Ohren sind ganz brauchbar, und musikalisch bist du auch, weil du schon ein wenig zu gestalten anfängst, zu phrasieren und so... Was halt Töne zu Musik macht. – Aber wenn es dir keinen Spaß macht... Schade, schade.«
Weil er mir so leid tat, sagte ich ermutigend: »Vielleicht fange ich in ein paar Wochen wieder zu üben an... Darf ich mir's noch überlegen?«
»Selbstverständlich!« rief er erfreut. »Aber nicht ein paar Wochen. Höchstens ein paar Stunden. Wenn du am Freitag wieder ohne triftigen Grund unvorbereitet bist, schmeiß ich dich mit blutendem Herzen hinaus. Ich habe meine Zeit nämlich nicht gestohlen, mein

Schatz.« Ich nickte kleinlaut und stellte das Cello in die Ecke, weil er heute anscheinend keine Darbietung mehr von mir wünschte. »Übrigens . . .« setzte er fort, »habe ich eine nette Überraschung für deinen Hofkomponisten.« Er holte ein großes gelbes Kuvert aus der Lade. »Ich habe die Kompositionen von L. V. Bee als Unterrichtsmusik für das Konservatorium und alle Bezirksfilialen durchgesetzt, und der Musikverlag Doblinger will sie drucken. Ich werde aber den Vertrag lieber per Post schicken, da du ja zur Zeit auf Kriegsfuß mit dem Komponisten stehst.« Ich nickte eifrig, und er fügte hinzu: »Ein bißchen schade ist es schon, wo er das doch dir zu verdanken hat . . .« Dabei hielt er das Kuvert ganz locker vor meiner Nase, daß ich daran schnuppern konnte wie der Hund an einem Knochen.

»Also meinetwegen geb ich's ihm halt«, sagte ich gleichgültig und schnappte mir das Kuvert. »Wozu sollen Sie Porto verschwenden . . .«

Auf dem Weg in die Hofburg watete ich im Matsch, der sich durch den Föhneinbruch überall gebildet hatte. Mit dem Schnee war es wie mit meinem Zorn: ich spürte, daß er an allen Ecken und Enden durch äußeren Einfluß aufgeweicht wurde. Ich wollte ihn aber nicht so sang- und klanglos in den Kanal abrinnen lassen. Beele hatte sich schlecht, ja miserabel benommen, und es fiel mir gar nicht ein, zur Tagesordnung überzugehen. Es mußte eine Art Feierlichkeit, zumindest eine Form dabei eingehalten werden. Ich versuchte daher, mir zwei-, dreimal die ganze üble Geschichte zu erzählen, um meinen Zorn aufzufrischen, wobei mir auffiel, daß es darin wenig Handlung gab. Aber das

änderte nichts daran, daß ich im Recht war. Professor Francescatti hatte es selbst bestätigt!
In der Hofburg wurde gebastelt. Peter sollte ein Bild woanders aufhängen, weil sein Vater über dem Gästesofa eine Leselampe befestigen wollte. »Wenn Ulli jetzt schon unser Gast ist, soll er auch ein Licht haben«, sagte er und setzte die Bohrmaschine an.
Ich habe schon viel an technischer Unfähigkeit erlebt, aber die der zwei Beeles grenzte schon fast ans Geniale. Nach einer Stunde glich das Zimmer einer Großbaustelle. Dank serienweiser Schicksalsschläge lagen Mauerschutt, Gipsbrocken, Bohrerruinen und etwa fünfundzwanzig Werkzeuge herum. Die zwei Dübel waren zwar in der Wand, nur leider waren sie weiter auseinander als die Löcher der Leuchtkörperhalterung. Peter grinste stumpfsinnig, sein Vater raufte sich verzweifelt die Haare und verstand die Welt nicht mehr. »Ich habe so gewissenhaft den Abstand ausgerechnet!« jammerte er. »Wenn jeder Trottel ein Loch bohren kann, warum ich nicht? Ich bin doch Akademiker, zum Teufel!«
»Weil wir eben zu intelligent sind für solche Arbeiten«, antwortete Peter ruhig und ausgeglichen.
»Lächerlich!« fuhr sein Vater ihn an und wurde krebsrot vor Aufregung. »Ich lasse mich nicht von dieser geistlosen Materie unterkriegen. Der Intellekt *muß* ganz einfach die Tücken des Objektes besiegen, versteht ihr!«
»Dann besiege sie eben!« sagte Peter leise und schlug mit dem Hammer auf einen Bildernagel. Dabei traf er jedoch seinen Daumen und heulte auf. »Schluß! Ich hab es satt!«
»Hättest du dich besser konzentriert!« gab nun sein

Vater leise zurück. »Nägel einschlagen kann jeder Idiot.«
»Löcher bohren auch!« fauchte Peter und lutschte an seinem Daumen.
»Du frecher Lausbub!« schrie Dr. Beele und gab ihm eine saftige Ohrfeige.
Daraufhin warf Peter zornig den Hammer auf den Boden und rannte mit den Worten hinaus: »Weil du versagst, prügelst du mich!«
»Ich versage nicht!« brüllte sein Vater. »Ich werde mir diese niederträchtige Wandleuchte untertan machen!«
Dabei trieb er wie ein Berserker die erste Schraube in die Wand. Die hatte er nun zwar besiegt, ich war aber gespannt, wie er die andere besiegen würde. Das zweite Loch war nämlich völlig von der Leuchte verdeckt. So etwas war sogar mir schon einmal passiert, weil der Bohrer eben von einem Steinchen im Mauerwerk abgedrängt werden kann.
Dr. Beele setzte sich nach dem ersten gescheiterten Versuch auf einen Stuhl und starrte fassungslos die Leuchte an, die schief an der Wand baumelte. Ich wußte, daß er nach einem tröstenden Wort lechzte, sagte ihm aber keines. Geschieht dir schon recht, du Mutterdieb! dachte ich. Wenn ich einsam und beraubt bin, sollst du auch unglücklich sein, du Heuchler!
»Was soll ich machen?« sagte er fast schluchzend. »Ich fürchte, ich muß ein neues Loch bohren . . .«
»Dabei werden Sie aber bestimmt in das alte hineinrutschen, und in dem Doppelloch hält dann kein Dübel der Welt«, sagte ich überlegen. Das »Sie«, war ein weiterer Tiefschlag für ihn, das spürte ich.
»Richtig«, sagte er dumpf. »Ich bin also gescheitert und werde einen Baumeister kommen lassen. –

Schade!« Er badete sich noch eine Weile in seinem Versagen und starrte düster die schiefe Leuchte an.
Jetzt habe ich ihn ganz in der Hand, dachte ich. Ein Handgriff, und die Lampe hängt gerade. Ein Wort von mir, und er kriegt seine erschlichene Geliebte nie ...
Nach drei Minuten hatte ich mich ausreichend an dieser Situation erbaut, und mein Mitleid gewann die Oberhand. Ob du meine Mutter kriegst, weiß ich noch nicht. Aber die Leuchte schraube ich dir an, du Wicht!
Ich erhob mich lässig, warf ihm einen demütigenden Blick zu, nahm ihm den Schraubenzieher aus der Hand und drehte die Schraube wieder halb aus dem Dübel. Nun konnte ich die Leuchte so weit verrücken, daß das zweite Dübelloch unter dem Loch der Halterung zum Vorschein kam. Jetzt drehte ich beide Schrauben abwechselnd, ein wenig schief, in die Wand, und die Leuchte saß fest.
»Du bist mir überlegen!« seufzte Dr. Beele, sichtlich erleichtert, weil er nun doch keinen Baumeister beauftragen mußte. »Schade, daß du nicht mein Sohn bist! Dann wäre meine Schlappe durch Stolz und Liebe ein bißchen versüßt.«
Wir saßen uns ein paar Augenblicke schweigend gegenüber. Auf einmal mußte ich an unser erstes Mailüfterl denken, dann an die vielen Musikabende und an die unzähligen Stunden, die er sich mit mir abgeplagt hatte. Wie viele Quartette und Trios er eigens für mich komponiert hatte, mit einem so idiotensicheren Cellopart, daß ich überhaupt mitspielen konnte. Es konnte ihm nicht entgangen sein, was für ein Ausstellungsstück an Gehörlosigkeit ich war. Aber er wollte mir helfen, das zu überwinden und ein Hausmusikus zu werden wie er und seine Kinder, weil er wußte, wie-

viel Freude man dabei haben kann, auch wenn man kein großes Genie ist. Das alles hatte mit meiner Mutter gar nichts zu tun gehabt. Er hatte es nur mir zuliebe getan ... Und dieser Mann saß nun ganz gebrochen da, weil ihm die zwei Löcher mißlungen waren und vielleicht auch weil er glaubte, ich könnte ihn nicht leiden.

Ich wollte gerade aufstehen, auf alle Förmlichkeiten verzichten und ihm einfach den Verlagsvertrag und meine Hand hinhalten, als er plötzlich sagte: »Deine Mutter hat mir heute endlich erklären können, warum du so wütend auf mich bist. Ich habe darüber nachgedacht. Die Heimlichkeit war vielleicht wirklich ein Fehler, den ich bedauere. Aber wenn du mich vorher ein bißchen gemocht hast, so wie ich dich, dann könntest du vielleicht später einmal darüber hinwegkommen, hoffe ich.«

»Logo«, sagte ich leise, ging zu ihm hin und legte meine Hand in seine riesigen Klavierpranken, in denen sie ganz verschwand. »Wird es jetzt immer Geheimnisse zwischen der Mama und mir geben?«

Er schüttelte lächelnd den Kopf. »Kannst du dir wirklich nicht denken, warum wir diese Geheimniskrämerei betrieben haben?« Ich verneinte wortlos. »Weißt du, es gibt da so eine alte Gesellschaftsregel, daß man ein Trauerjahr einhalten muß. Und es waren doch erst zehn Monate ... Ich habe auch gefürchtet, meine Kinder könnten es mir übelnehmen, wenn ... Aber soll man auf ein Glück, das vielleicht nie wiederkommt, wegen so einer alten Tradition verzichten? Die Liebe deiner Mutter hat mir doch so gutgetan, weil ich bis dahin sehr, sehr traurig war.«

Ich nickte und wußte, daß ich ihm verziehen hatte. Es

war zwar nicht wie Weihnachten und Geburtstag in einem, aber es war schon ganz schön. Der Francescatti hat halt einen anderen Geschmack, dachte ich. Plötzlich mußte ich lachen. »Keine Ahnung gehabt, daß es eine Zeitvorschrift fürs Traurigsein gibt! So was Blödes!«

Er zuckte die Schultern, und dann mußten wir auf einmal beide irrsinnig lachen. Worüber, das wußte wohl keiner genau. Wahrscheinlich über die Merkwürdigkeit, daß die Trauer eines Menschen nicht so lange dauern darf, bis sie aufhört. Beinahe hätten wir uns vor lauter Lachen umarmt.

»Ich habe übrigens eine Überraschung für Sie«, sagte ich, sobald wir wieder ernst waren.

»Für wen? Für deine Mutter ...?« Die Frage war natürlich eine Finte.

»Nein, für Sie, Herr Doktor Beele.« Ich kramte verlegen in meiner Notentasche. Ich wußte ganz genau, worauf er hinauswollte. »Wie soll ich denn sagen? Doch nicht Papa?!«

»Unsinn! Ich bin ja nicht dein Papa. Wenn ich Glück habe, wirst du mich vielleicht später einmal als Vater akzeptieren. Vielleicht auch erst in deiner Erinnerung, wenn ich schon tot bin. – Ich heiße Ludwig, und so nennst du mich.« Er überflog die Papiere, bis sein Blick plötzlich wie gebannt hängenblieb. »Wie gibt's denn so etwas ...? Da muß eine Verwechslung ... oder ein Wunder ...« Er war ganz bleich vor Aufregung.

»Das habe ich dir gerichtet«, sagte ich, als wäre so etwas Routine für mich. »Durch meine Beziehungen zum Konservatorium.«

»Mein erster Verlagsvertrag!« rief er. »Ich werde gedruckt! Sabine, Peter, hört euch das an! Euer Vater wird gedruckt!« Er raste durch die Wohnung. Sabine war aber nicht daheim, und Peter schmollte noch und kroch aus Rache nicht aus seinem Loch heraus. Also stürzte sich Ludwig auf mich und umarmte mich, weil er unbedingt wen umarmen mußte. »Von dem Geld zahle ich dir deine heißersehnten Reitstunden. Ich bin mit der Freude reichlich entlohnt!« sagte er gerührt. Und jetzt küßten wir uns doch, und zwar schmatzend. Ich fand das in diesem Augenblick ganz normal, sogar unter Männern.

Weil Sabine nicht daheim und das Telefon daher frei war, rief er nun meine Mutter an. »Stell dir vor, dein Sohn hat im Handumdrehen meine Schulmusik verlegen lassen! Was mir seit zwanzig Jahren nicht gelingt, ist für den gar nichts!« Da meine Mutter ganz genau wissen wollte, wie ihr Tausendsassa das Wunder geschafft hatte, mußte ich ihr alles am Telefonhörer erklären, und so erfuhr nun auch der Komponist, wieso er einen Verleger hatte.

»Jetzt bin ich in Musizierlaune!« rief Ludwig gelassen, setzte sich an den Flügel und tobte sich in ein paar Wahnsinnsstürmen über die Tastatur aus. »Wer mitspielen will, ist herzlich eingeladen!«

»Wie wär's mit unserem Lieblingstrio?«

»Wenn Peter sich entschuldigt, dann gerne«, sagte Ludwig und drosch weiter auf seinem armen Klavier herum, daß es der Herr Bundespräsident bis in seine Amtsräume hören mußte.

Obwohl wir beide noch die Spuren der Schlägerei im Gesicht trugen, fand ich das kleine Mißverständnis zwischen uns nicht mehr der Rede wert und ging einfach zu Peter hinein. Er tat mir gegenüber auch, als wäre nichts gewesen, lehnte es aber ab, sich zu ent-

schuldigen. »Wenn man eine Watsche* bekommen hat, entfällt die Entschuldigung.«
Als ich diese Botschaft überbrachte, sagte sein Vater ganz vergnügt: »Dann spielen wir eben zu zweit« und legte eines der kümmerlichen Vortragsstückchen auf, die ich gerade so recht und schlecht herunterkratzen konnte. »Ich hab ja jetzt Söhne genug und bin nicht mehr so auf ihn angewiesen.«
Kaum hatten wir angefangen, stand Peter in der Tür. »Warum werde ich eigentlich von der Familienmusik ausgeschlossen, weil du mir eine geschmiert hast?«
Sein Vater antwortete höflich, aber bestimmt: »Wenn du dich dafür entschuldigst, daß du mich einen Idioten genannt hast, werde ich die Ohrfeige widerrufen.«
»Ich habe dich nicht Idiot genannt, und eine Watsche kann man nicht widerrufen!«
»Du hast mich *indirekt* einen Idioten genannt, was zwar zutreffend, aber nicht statthaft war. Und eine Ohrfeige läßt sich durch den Ausdruck des Bedauerns selbstverständlich aus der Welt schaffen, da ja nicht der körperliche Schmerz das Wesentliche daran ist, sondern die seelische Demütigung. – Also entschuldige dich, damit der Zwischenfall bereinigt ist.«
»Also gut, ich entschuldige mich. Aber nur, weil ich mitspielen möchte und Ulrich Ulrich als Solisten nicht mehr aushalte.«
Vater und Sohn gingen feierlich aufeinander zu, nahmen Aufstellung, umarmten sich, küßten sich und blickten sich dann kurz und grinsend in die Augen. Nach diesem Programm, das mich an ein Hochamt im Stephansdom erinnerte, sprachen sie wie auf Befehl in

* Ohrfeige

übertrieben herzlichem Ton. Es war eine sehr starke Szene, die ich mir für alle Fälle einprägte. Bei meiner Mutter ist Frechsein weit weniger kompliziert.
»Man kann nämlich nur gemeinsam musizieren, wenn man sich auch in persönlicher Harmonie befindet«, erläuterte Ludwig und legte dann unser Lieblingstrio auf. »Wenn die Musik völkerverständigend wirkt, warum dann nicht auch familienverständigend?«
Wir spielten fast eineinhalb Stunden quer durch unser Repertoire, alles, was wir schon gut durchgepaukt hatten, weil wir uns heute nicht mit etwas Neuem herumplagen, sondern einfach zu unserer Freude spielen wollten.
Plötzlich ging die Tür auf, und meine Mutter sagte: »Dürfen wir die Herren zu Tisch bitten?«
Sie merkte, daß wir alle höchst überrascht waren, denn theoretisch war sie ja in der Sonnenfelsgasse, um uns Kampfhähne allein aufeinander loszulassen. »Das war nämlich so«, klärte sie die Sache auf. »Weil die Sabine euch beim Heimkommen so friedlich fiedeln gehört hat, teilte sie mir telefonisch mit, daß anscheinend schon alles Wonne und Grießschmarren ist. Da haben wir die Idee gehabt, ein kleines Verlobungsessen zu kochen.«
Im Speisezimmer war geradezu prunkvoll gedeckt. Jedenfalls nicht mit diesen blöden Sets, sondern mit Tischtuch und dem Familiensilber von Ludwigs Urgroßmutter. Es gab drei Gänge, und auch sonst war alles sehr erfreulich. Nur Peter sprach nicht mit Sabine. Der eitle Pimpf konnte ihr einfach nicht verzeihen, daß sie sich als die große Ehestifterin aufspielte. Sabine schien es aber nicht zu stören, daß er an ihr vorbeiredete, bis die Torte kam, zu der es sogar eine Flasche Sekt aus dem Sonderangebot gab.

Da erhob sich Sabine plötzlich, klopfte an ihr Glas und sagte: »Meistens halten ja sonst die Männer solche Festreden. In diesem Fall handelt es sich aber um eine Lobrede auf Ulli und Peter, und die können sie sich ja nicht gut selbst halten. – Irrtümlich habe ich nämlich eine Zeitlang geglaubt, *ich* habe entscheidend zu dieser Ehestiftung beigetragen. Immerhin habe ich manchmal das Opfer gebracht, in die Diskothek zu gehen . . .« (Schallendes Gelächter.) »Seit Peter aber böse auf mich ist, habe ich alles im Geist zurückverfolgt. Die Wahrheit ist, daß Peter und Ulli euch von Anfang an ganz systematisch verkuppelt haben! Nach einem genialen Schlachtplan, mit List, Tricks, Mühe, Fleiß und unter enormer musikalischer Aufopferung. Darum ist diese Verlobung nicht mein Werk, schon gar nicht das der Brautleute, sondern einzig und allein das Werk von Ulli und Peter. Sie leben hoch, hoch, hoch!«
Peters Gesicht hatte sich im Laufe der Rede immer mehr aufgehellt und leuchtete jetzt geradezu vor innerer Zufriedenheit. Sabine ging feierlich zu ihm, drückte ihn an ihren beachtlichen Busen und küßte ihn. Dann bekam auch ich einen Schwesterkuß, der sich von einem normalen Kuß dadurch unterscheidet, daß man nicht rot wird.
Die Eltern kapierten natürlich überhaupt nicht, was wir für ihre Zusammenführung geleistet hatten. Da packten wir endlich aus und wetteiferten darin, die ganze Intrige haarklein von Anfang an zu erzählen. Jetzt sah man erst, wie naiv die Erwachsenen waren, denn sie hatten keinen blassen Schimmer gehabt, wie ihre Liebe eigentlich entstanden war. Sie hatten wohl an höhere Fügung oder so etwas geglaubt und mußten

nun allmählich erkennen, daß sie total von uns manipuliert worden waren.
Spätabends kam ich mit meiner Mutter in der Sonnenfelsgasse an. Dort fanden wir eine unheimliche Bescherung vor. Der junge Kater aus Annaberg hatte in der Brotdose fünf Junge gekriegt. Ich werde dem Wirt schreiben, er soll sich eine neue Brille anschaffen.

UEBERREUTERS GROSSES LACH- UND SCHMUNZELBUCH

Herausgegeben von Maria Marbach

Dreihundert Seiten Sachen zum Lachen, Witziges und Pfiffiges, Komisches und Haarsträubendes. In kurzen und längeren Geschichten, Sprachbasteleien, Bildergeschichten, Bilderwitzen und Cartoons. Von Linda Allan, Bosc, Chaval, Kurt Flemig, Josef Guggenmos, Hanna Hannisch, Ernst Jandl, Limmroth, Mira Lobe, Loriot, Christine Nöstlinger, Käthe Recheis, Rolf Rettich, Toussaint, Tomi Ungerer und viele andere.
Humor ohne Bart – aber mit Köpfchen!

Ueberreuter